Dagmar Olberding
Alicia Rufino González
Klaus Schubert

¡Claro que sí!

Arbeitsheft

2. Auflage

Bestellnummer 7381

Bildungsverlag EINS – Stam

www.bildungsverlag1.de

Gehlen, Kieser und Stam sind unter dem Dach des Bildungsverlages EINS zusammengeführt.

Bildungsverlag EINS
Sieglarer Straße 2, 53842 Troisdorf

ISBN 3-8237-**7381**-X

© Copyright 2002: Bildungsverlag EINS GmbH, Troisdorf
Das Werk und seine Teile sind urheberrechtlich geschützt. Jede Nutzung in anderen als den gesetzlich
zugelassenen Fällen bedarf der vorherigen schriftlichen Einwilligung des Verlages.
Hinweis zu § 52a UrhG: Weder das Werk noch seine Teile dürfen ohne eine solche Einwilligung eingescannt und
in ein Netzwerk eingestellt werden. Dies gilt auch für Intranets von Schulen und sonstigen Bildungseinrichtungen.

Inhalt

Lección 1 pronombres interrogativos, ser, artículos, sustantivos sing./pl., verbos en -ar, la negación

Lección 2 ir, ir en, estar, Gebrauch estar, hay, ser, genitivo

Lección 3 verbos en -er, tener, hacer, pronombres posesivos, números I (1–19). pronombres interrogativos II, sintaxis

Lección 4 verbos en -ir, salir, números II (20–99), la hora, adjetivos, mucho, sustantivos en -ión

Lección 5 muy, mucho, ver

Lección 6 la negación, querer, poner, ir a + inf., gustar, pronombres demostrativos

Lección 7 los números III (ab 100), la fecha, pronombre personal en nominativo, adjetivos, saber, venir

Lección 8 acusativo personal, empleo del artículo definido, verbos con diptongo (ue, ie), días de la semana, el tiempo

Lección 9 el pretérito perfecto, por + Tageszeit

Lección 10 verbos con infinitivo, la oración interrogativa indirecta, verkürzte Adjektive

Lección 11 tener que + infinitivo, hay que + infinitivo, se habla, todo, estar + participio perfecto, Nationalitätenadjektive

Lección 12 el participio perfecto irregular, el pronombre personal como complemento directo, el pronombre relativo neutro (lo que, todo lo que), venir

Lección 13 el gerundio, el complemento directo, el complemento indirecto, Stellung des Personalpronomens

Lección 14 la gradación del adjetivo, formas irregulares de la gradación, la comparación, los números IV (millón)

Lección 15 preposiciones, verbos reflexivos

Lección 16 adverbios, lo als neutraler Artikel

Lección 17 negaciones (algo, nada, alguien, nadie, alguno, ninguno), Fragepronomen ¿cuál?

Lección 18 el pretérito imperfecto, formas regulares e irregulares ser e ir, hace, desde hace, desde

Lección 19 el futuro imperfecto, indirekte Rede

Lección 20 Gebrauch von pretérito perfecto und pretérito imperfecto, Präpositionen, seguir + gerundio, Prozentzahlen

Lección 21 Konjunktionen: si, cuando, mientras que, das alleinstehende Personalpronomen

Lección 22 el pretérito indefinido: Formen und Gebrauch

Lección 23 pretérito imperfecto und pretérito indefinido: Gebrauch der Zeiten, Adjetivo + ísimo

Lección 24 Der Imperativ: bejahte und verneinte Formen

Lección 25 Der Konjunktiv: Formen und Gebrauch

Lección 26 Das Konditional: Formen und Gebrauch; die Verwendung des Personalpronomens bei vorausgehendem Objekt

Lección 27 Gebrauch von 2 Personalpronomina; Infinitivkonstruktion zur Satzverkürzung; alguno/a; ninguno/a; die Verkleinerungsformen; conocer

Lección 28 Das Passiv

Lección uno 1

1 Diálogos

Hola, _____
¿_____?

Yo, _____

_____

No, _____

Hola Pedro: ¿_____?

Pues _____, ¿y tú?

_____ mañana

_____

Lección uno

2 Completar el diálogo.

Hola, soy Antonio y tú, ¿quién eres?	Sie antworten und fragen Antonio, woher er kommt.
Soy de Madrid ¿y tú?	Sie antworten und Sie fragen nach dem Beruf von Antonio und wo er arbeitet.
Soy profesor y trabajo en el Colegio Cervantes y tú, ¿eres también profesor?	Sie antworten, dass Sie nicht Lehrer sind. Sie studieren an der Universität.

3 Completar con los verbos *ser – estudiar – trabajar.*

1. Pablo _____ en la universidad de Madrid.

2. Teresa _____ secretaria.

3. Dolores _____ de Burgos.

4. Teresa _____ en un colegio.

5. ¿Dónde _____ usted?

6. _____ en Alemania, en...

7. ¿De dónde _____ (tú)?

8. _____ de Düsseldorf.

9. Carmen _____ en un colegio.

10. _____ profesora.

11. Los chicos _____ en la universidad de Salamanca.

12. Los chicos no _____ de Salamanca.

13. _____ de Toledo.

Lección dos 2

1 En la discoteca.

a) Completar

Los estudiantes terminan _____. Unos van a casa, _____ van a la discoteca „El Sur". Allí hay una fiesta. Inés y Rosa van _____ coche, pero los otros van _____ autobús.

En la barra de la discoteca _____ Jaime y Sergio. _____ coca-cola y descansan. Allí están también Irene y Laura.

Inés y Rosa entran _____ El Sur. _____ a la barra.

Inés:	Hola, Jaime, ¿qué tal?
Jaime:	Bien, gracias, y tú, ¿_____ estás?
Inés:	Muy bien. Y tú, ¿quién _____?
Sergio:	Sergio. ¿Quiénes sois?
Inés:	Somos Inés y Rosa. ¿Estudias en la _____ de Valencia?
Sergio:	Sí, _____ compañero de Jaime. Y tú, ¿estudias _____ en Valencia?
Inés:	No, soy de Granada y trabajo _____.
Sergio:	¿_____ vas a Granada? ¿_____ tren?
Inés:	No, voy en coche.
Jaime:	¿Qué _____?
Rosa:	Una coca-cola, gracias.
Inés:	Tomo un agua mineral.

b) Formular y contestar preguntas sobre el texto.

Ejemplo:

¿Qué terminan los estudiantes?   *Los estudiantes terminan las clases.*

¿_____?   _____

Lección dos

2 Formar frases.

Pablo	ser	de Salamanca
Carmen y Pablo	estar	en Burgos
Dolores	ir	en Madrid
Pedro y Antonio	estudiar	estudiantes
	trabajar	de Alemania
	entrar	en la universidad
	descansar	en el bar
		en el colegio
		a España
		al colegio

3 Completar las frases.

Ejemplo:
Ana - ser - estudiante - Segovia.

Ana es una estudiante de Segovia.

1. Antonio - ser - chico - Burgos.

2. Dolores - ser - chica - Salamanca.

3. Teresa - estar - universidad.

4. Laura - no ser - aquí.

5. Sabine y Rosa, ¿ - no estar - clase?

6. Carmen - ser - secretaria - universidad.

7. Alicia - ser - profesora de alemán - colegio.

8. Patricia - ser - secretaria.

9. Pablo y Enrique - estar - clase.

Lección dos

4 Completar las preguntas.

1. Hola, Roberto. ¿_____ estás? Gracias. Muy bien.

2. ¿_____ es la secretaria? Es Agustina.

3. _____ estudian los chicos en la universidad? Los chicos estudian alemán.

4. ¿_____ eres, Roberto? Soy de Toledo.

5. ¿_____ trabajan Roberto y Agustina? Trabajan en un colegio.

6. ¿_____ son? Son Pedro y Fernando.

7. ¿_____ estudias, Roberto? Estudio en Madrid.

8. ¿_____ eres? Soy Pedro, soy de Burgos.

¿Dónde?   ¿Quién?   ¿Quién?   ¿Qué?

¿De dónde?   ¿Dónde?   ¿Cómo?   ¿Quiénes?

5 ¿Quién es? ¿Dónde está?

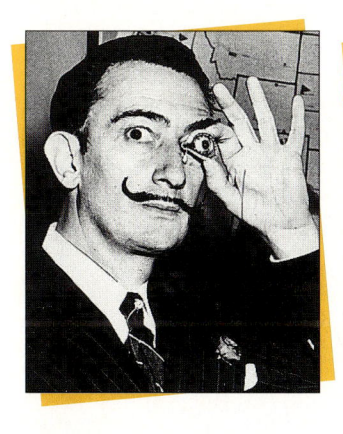

_____   _____   _____   _____

Lección dos

Lección tres 3

1 Formar 10 frases con las formas de *tener*.

| Luis | Luis | la madre | 18 años |

| los chicos | los chicos | el padre |

| muchos deberes | mucho trabajo | Ana y Arturo | un amigo inglés |

| muchos libros | 15 años | un trabajo interesante |

| la tarea de inglés | dos hijos | Roberto |

1. _____

2. _____

3. _____

4. _____

5. _____

6. _____

7. _____

8. _____

9. _____

10. _____

Lección tres

2 Completar con *que, donde, de donde, adonde.*

1. La chica _____ estudia alemán es de Toledo.

2. Las personas _____ están en la agencia de viajes son de América.

3. Vamos a Madrid _____ tenemos una casa.

4. La ciudad _____ van los estudiantes es muy interesante.

5. El país _____ soy está en Europa.

6. La secretaria _____ trabaja en el banco tiene un trabajo interesante.

7. La academia de lengua _____ Elena aprende inglés, está en Segovia.

8. El bar _____ vamos está allí.

3 Formar frases con *que/donde.*

Ejemplo:
Alberto trabaja en un banco.
El banco es muy importante. *El banco donde Alberto trabaja es muy importante.*

1. Sandra está en la agencia de viajes. Jorge trabaja en la agencia de viajes.

2. Tengo dos amigos. Mis amigos estudian en la universidad.

3. Muchos estudiantes van a la biblioteca. En la biblioteca hay libros muy interesantes.

4. Ana toma algo con Marco. Marco tiene dos hermanas.

5. Esperanza tiene dos hijas. Sus hijas tienen 20 y 24 años.

6. Los estudiantes están en casa. Los estudiantes hacen sus tareas.

7. Noelia tiene cinco colegas. Sus colegas trabajan sólo cuatro horas.

8. Irene está en el parque. Irene lee un libro.

Lección tres

4 ¿Quién es...?

estudiante – empleado del banco – profesor – secretaria – médico – taxista – policía – empleada en una agencia de viajes – dentista – pintor

Jorge Pascual – Ramón Mata – Enrique Atalaya – Ana Chacón
Santiago Rodríguez

Lección tres

5 ¿Qué tienes?

Sehen Sie sich die folgenden Bilder an. Suchen Sie sich eines aus. Ihr Nachbar versucht durch Fragen herauszufinden, welches Bild Sie gewählt haben.

Ejemplo:

¿Tienes una bicicleta?   *Sí, tengo una bicicleta.*

Y tú, ¿tienes una radio?   *No, no tengo una radio.*

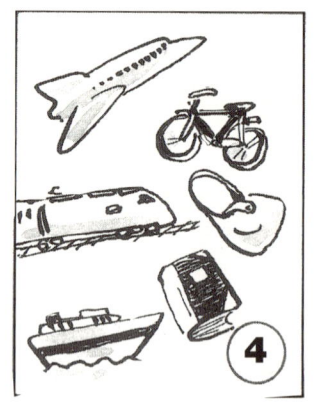

_____

_____

_____

_____

_____

_____

_____

Lección cuatro 4

1. Hacer 10 frases.

ciudad bonita	ser	no	trabajar	estudiante
Carmen	escribir	alemán	cartas	profesora
Pablo	habitaciones	turistas	agencia de viajes
un cliente	Ana	las 8 y media	necesitar	Segovia
Arturo	acueducto	interesante	Elena
tener 15 años	salir	entrar	mucho

1. _____

2. _____

3. _____

4. _____

5. _____

6. _____

7. _____

8. _____

9. _____

10. _____

Lección cuatro

2 ¿Qué hora es en...?

Formar diálogos.

Ejemplo:
¿Qué hora es en Madrid?   *En Madrid son las...*

¿Y en Nueva York?   *En Nueva York son...*

Nueva York

Moscú

Berlín

Londres

Lima

Tokyo

México

Canberra

Madrid

Lección cuatro

3 Hacer frases con adjetivos.

Ejemplo:

Málaga – tener – mucho – hoteles – nuevo   *Málaga tiene muchos hoteles nuevos.*

1. Teresa – tener – libros – interesante

2. Arturo – recibir – mucho – llamadas – telefónico

3. Segovia – tener – mucho – monumentos – interesante

4. Murcia – tener – mucho – casas – bonito

5. Las secretarias – escribir – cartas – detallado

6. El cliente – necesitar – veinte – habitaciones – doble

7. Arturo y Ana – tener – dos – mesa – nuevo

8. Joaquín vender – mucho – bicicletas – bonito

4 ¿A qué hora sale el avión del Aeropuerto de Madrid?

Aeropuerto de Barajas MADRID		
compañía	destino	salida
Iberia	Barcelona	11:20
Lufthansa	Berlín	13:35
Aerolíneas Argentinas	Lima	16:45
Aviaco	Tenerife	10:15
Viva Air	Sevilla	13:25
KLM	Amsterdam	20:05

la compañía (aérea) – die (Flug) Gesellschaft
el destino – das Ziel
la salida – hier: der Abflug

Lección cuatro

Ejemplo:

¿Adónde vas?/¿Adónde va usted?   *Voy a Tenerife.*

¿Y con qué compañía vas allí/va allí?   *Voy con Aviaco.*

¿A qué hora sale el avión?   *El avión sale a las diez y cuarto.*

Lección cinco 5

1 Completar con *muy* o *mucho*.

Ejemplo:
Antonio estudia...   *Antonio estudia mucho.*

1. Carmen trabaja...
2. Mi coche es ... bonito.
3. Los folletos de la agencia de viajes son ... interesantes.
4. En España hay regiones con ... lluvia.
5. En Andalucía la agricultura tiene ... importancia.
6. En España también hay ciudades ... grandes.
7. Un factor económico ... importante de Andalucía es el turismo.
8. España tiene regiones ... diferentes.
9. Cataluña es una región con ... industria.
10. España es un país ... grande.

2 Algo sobre España

a) Completar el texto

Sandra y Patricia estudian _____ Sevilla, en el _____ de España. Este país _____ en Europa, pero muy _____ de África, entre el _____ Atlántico y el _____ Mediterráneo. España y Portugal están en la Península Ibérica, al sur de _____. En España _____ regiones muy diferentes: en el sur _____ mucho calor y en el _____ hace frío y llueve mucho. La industria es muy _____ en regiones _____ Cataluña, el País Vasco y Asturias, en _____ norte _____ país. Las _____ donde la agricultura es _____ importante _____ Andalucía, Murcia y Valencia. El turismo es también un _____ económico con _____ importancia en _____ costas de España. Muchos _____ van _____ año a España para pasar sus _____ allí.

Lección cinco

b) Formular las preguntas.

1. _____ En Sevilla.

2. _____ En el sur de España.

3. _____ Hay regiones muy diferentes.

4. _____ No, en el sur hace calor y en el norte hace frío y llueve mucho.

5. _____ Sí, en Cataluña, el País Vasco y Asturias.

6. _____
   _____ La agricultura.

7. _____
   _____ El turismo.

8. _____ Para pasar sus vacaciones.

3 Escribir cinco frases sobre su ciudad o su región.

_____
_____
_____
_____
_____
_____
_____
_____
_____

Lección seis 6

1 a) Buscar los adjetivos para los sustantivos correspondientes.

Sustantivos	Adjetivos
una habitación	triste
chica profesores	nuevo bonito
jersey país	largo interesante
ciudades lengua	amarillo pequeño grande
libros verano	detallado importante
ascensor calcetines	blanco verde
falda abrigo	nuevo amarillo
pantalones blusa	negro rojo

un jersey amarillo

_____

_____

_____

_____

_____

_____

_____

b) Escribir un texto con los sustantivos y adjetivos.

_____

_____

_____

_____

_____

_____

_____

_____

Lección seis

2 Hacer frases con querer.

¿Qué quieres hacer hoy?   *Quiero dormir todo el día.*

> comprar ... – estudiar mucho –
> hablar con una amiga –
> tomar un café con... –
> escribir ... – viajar a ... –
> ir en bicicleta -
> hablar por teléfono con...

3 Escribir el verbo correcto *tener/querer*.

1. Ana y Arturo ..
   dos hijos.

2. Los turistas ...
   ver ciudades interesantes.

3. Antonia ...
   tomar un café con Pedro.

4. ¿Qué ...
   tomar (tú), Carmen?

5. Teresa y Rocío, ¿ ...
   hablar con Claudia?

6. El señor ...
   una carta para Ana.

7. Merce y Pilar ... tomar un café
   en el bar de la universidad.

8. Elena ...
   comprar un jersey azul.

9. Vamos a preguntar si ...
   nuestra talla.

10. ¿Adónde ...
    (2° pers. plural) ir?

Lección seis

4 Crucigrama

1. Madrid es la _____ de España.

   La oficina está a la _____ del banco donde trabaja Sergio.

2. – ¿Qué _____ comprar? – Un vestido _____.

3. Laura y Joaquín toman el _____ para subir al departamento de deportes.

   – Necesito _____ dos habitaciones.

4. En el País Vasco hay mucha _____.

5. Begoña habla con Esperanza por _____.

   María José trabaja en una agencia de _____.

6. El _____ es un _____ económico muy importante en las costas españolas.

7. – ¿_____ hora es? – Son las dos de la _____.

8. Esta _____ no me gusta.

9. Estefanía tiene una _____ negra.

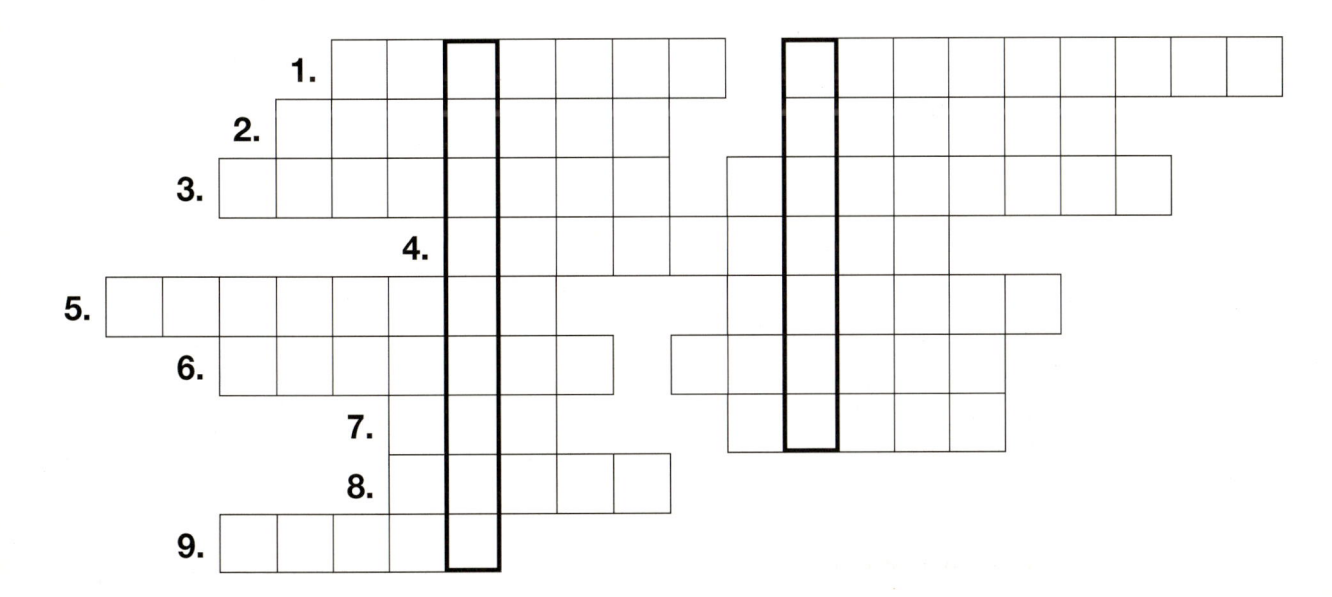

Lección siete 7

1 Hacer preguntas a su compañero.

Ejemplo:
¿Cuántos kilómetros hay de León a Pamplona?

Hay cuatrocientos diecinueve kilómetros de León a Pamplona.

Distancias kilométricas entre capitales
ESPAÑA

Granada	Guadalajara	Huelva	Huesca	Jaén	León	Lérida	Logroño	Lugo	Madrid	Málaga	Murcia	Orense	Oviedo	Palencia	Pamplona	Pontevedra	Salamanca	S. Sebastián	Santander	Segovia	Sevilla	Soria	Tarragona	Teruel	Toledo	Valencia	Valladolid	Vitoria	Zamora	Zaragoza
489																														
342	688																													
825	336	992																												
97	392	336	718																											
760	383	739	571	663																										
878	409	1.069	119	791	647																									
765	276	891	242	668	329	315																								
944	567	918	797	847	234	870	563																							
433	56	604	392	336	327	465	332	511																						
129	597	305	933	205	868	996	873	1.052	541																					
283	447	625	637	342	718	598	717	902	391	440																				
961	584	886	814	864	276	887	605	94	528	1.035	919																			
879	502	858	628	782	119	747	396	241	446	987	837	335																		
668	291	700	443	571	128	516	201	362	235	776	626	404	247																	
844	355	981	161	747	419	200	90	653	411	952	743	695	467	291																
1.062	685	987	915	965	377	988	706	154	629	1.136	1.020	101	395	505	796															
643	266	543	551	546	196	624	348	375	210	717	601	343	315	157	438	444														
898	443	1.002	249	801	441	368	164	667	465	1.006	856	717	426	313	88	821	460													
828	451	904	432	731	332	553	228	451	395	936	786	545	210	204	271	605	361	230												
521	144	627	420	424	245	493	298	463	88	629	479	480	364	153	377	581	162	423	357											
251	597	91	933	245	674	1.006	873	853	541	214	534	821	793	635	952	922	478	938	839	562										
659	170	819	228	562	346	301	106	569	226	767	611	586	465	231	185	687	323	273	299	192	767									
784	472	1.018	213	697	741	94	409	964	559	902	504	981	805	610	374	1.082	718	462	637	587	927	395								
592	242	826	251	505	571	324	331	794	314	710	386	811	690	456	357	912	524	445	524	402	735	225	307							
423	126	546	462	326	397	535	402	581	70	497	381	578	516	299	481	679	235	535	465	158	455	296	629	331						
525	386	759	395	438	683	353	475	867	356	643	245	884	802	591	501	985	566	589	668	444	668	369	259	144	373					
624	247	656	438	527	136	511	235	359	191	732	582	376	255	44	325	477	113	347	248	109	591	210	605	435	256	547				
784	358	888	254	687	326	373	82	560	351	892	742	602	374	198	93	703	345	114	178	308	823	188	467	413	421	557	232			
680	303	605	533	583	134	606	330	313	247	754	638	281	253	139	420	382	62	442	343	199	540	305	700	530	297	603	95	327		
755	266	926	70	658	504	143	172	727	322	863	567	744	568	373	176	845	481	264	400	350	863	158	237	181	392	325	368	254	463	

Lección siete

2 Hacer preguntas.

Ejemplo:
¿Qué número tiene Alicante?   *Alicante tiene el número...*

¿En qué comunidad autónoma está?   *Está en la Comunidad Valenciana.*

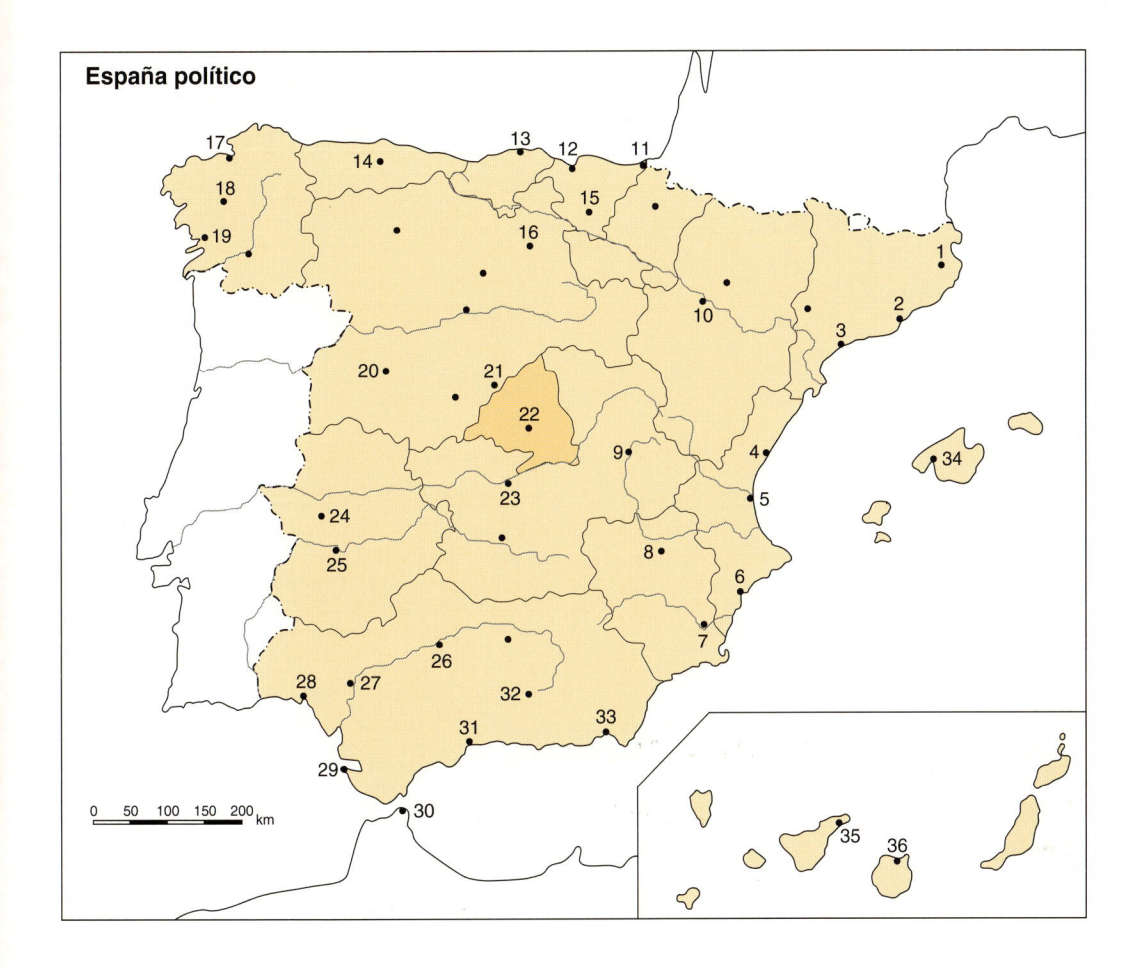

España político

1 _____	14 _____	26 _____
2 _____	15 _____	27 _____
3 _____	16 _____	28 _____
4 _____	17 _____	29 _____
5 _____	18 _____	30 _____
6 _____		31 _____
7 _____	19 _____	32 _____
8 _____	20 _____	33 _____
9 _____	21 _____	34 _____
10 _____	22 _____	35 _____
11 _____	23 _____	_____
12 _____	24 _____	36 _____
13 _____	25 _____	_____

© Bildungsverlag EINS (Stam 7381)

Lección siete

3 Formular preguntas.

Anja está en Burgos, en casa de Diego. Diego y sus padres quieren saber algo de Anja.

1. ¿De dónde eres, Anja? _____

2. ¿Dónde está Düsseldorf? _____

3. ¿Tienes hermanos? _____

4. ¿Cuántos años tienes? _____

5. ¿Y tus hermanos? _____

6. ¿Cómo es tu país? _____
   _____
   _____

7. ¿Te gusta España? _____

4 Escribir una postal.

Anja pasa un fin de semana en Sevilla y escribe una postal a su amigo Diego en Burgos.

Diego Molina Ortiz

Calle del Agua, 7

E-09002 Burgos

Lección siete

la postal -
die Postkarte

5 Un año después

Diego está en casa de Anja. Los padres de Anja quieren saber muchas cosas sobre Diego y España. No saben español y por eso Anja traduce.

Padres de Anja	Anja	Diego
Woher kommst du, Diego?	¿De dónde eres, Diego?	
Ist Burgos schön?	¿Es Burgos bonito?	
Was kann man da besichtigen?	¿Qué se puede visitar allí?	
Wie ist das Wetter?	¿Cómo es el clima?	
Was möchtest du studieren?	¿Qué quieres estudiar?	
Hast du Geschwister?	¿Tienes hermanos o hermanas?	
Wie alt sind sie?	¿Cuántos años tienen?	
Gefällt dir Düsseldorf?	¿Te gusta Düsseldorf?	

Lección siete

6 ¿Qué quiere hacer usted en las vacaciones?

Escribir cinco frases con ir + a + infinitivo.

Ejemplo:

1. *Voy a ir a la costa.*

2.

3.

4.

5.

6.

7 Palabras

a) ¿Qué palabras son?

asteeps

edoprte

nrecipeóc

vnoierin

atlcieicb

aliiafm

b) Hacer frases con estas palabras

1.

2.

3.

4.

5.

6.

Lección ocho 8

1 Completar el diálogo.

Joaquín llama por teléfono a su novia Laura para salir con ella el fin de semana.

Laura:	Dígame.
Joaquín:	Hola, soy Joaquín.
Laura:	Hola Joaquín. _____ estás?
Joaquín:	Muy bien, gracias. ¿Qué _____ a hacer este fin de _____ ¿Podemos salir?
Laura:	Claro que sí. ¿Qué quieres _____
Joaquín:	No sé, podemos ir al _____ esta noche.
Laura:	Esta noche no puedo porque _____ con María José, pero, si quieres, podemos ir _____ sobre las cinco de la tarde. ¿Qué piensas?
Joaquín:	Muy bien. Ah, no, mañana _____ al fútbol con Fernando a _____, pero por la mañana voy a comprar _____ ¿Te gustaría _____
Laura:	Sí, claro que me gustaría, pero _____ con mis compañeras de clase.
Joaquín:	¡Laura! Y el domingo, ¿tienes tiempo?
Laura:	El domingo ...

Lección ocho

2 ¿Te gustaría...?

Hacer el diálogo. Macarena llama a su amigo Andrés para salir con él, pero los dos tienen ya planes para el fin de semana.

Andrés

8 Viernes
9 ir al banco
17 Atletismo
19 FIESTA

9 Sábado
9 ¡playa!

10 Domingo
11. Fútbol

Macarena

sem. 32 20..

7 Jueves
20 ir al cine

8 Viernes
10 Curso de inglés
16 Café con Alicia

9 Sábado
10 piscina

10 Domingo
Cumpleaños de Ramón

Ejemplo:

Macarena: Hola, Andrés. ¿Qué vas a hacer el viernes?

Andrés: Hola, Macarena. El viernes voy al banco.

Lección ocho

3 El clima de España

España es un país grande con regiones y climas diferentes. En el norte que llamamos _____ llueve mucho. Es una región muy verde. No hace mucho calor y no hace mucho frío. Llueve mucho en esta parte de España. El clima se llama _____.

En el centro de España, en las Castillas, el clima es _____. En verano hace mucho calor y en invierno hace mucho frío, pero llueve muy poco.

En la costa mediterránea el clima es _____. No llueve mucho y las temperaturas normalmente son muy agradables[1] en verano y en invierno.

El sur de España, Andalucía, tiene muchos problemas con el agua. Sobre todo en verano no hay mucha agua porque llueve muy poco.

España también es un país muy montañoso. En las montañas altas hay mucha nieve en invierno, como en Sierra Nevada y en los Pirineos.

1) agradable - angenehm

a) Describir los diferentes climas de España.

_____
_____
_____
_____

b) Hacer preguntas a sus compañeros sobre el texto

1. ¿Por qué hay diferentes climas en España?   *España es un país muy grande.*

2. _____   _____

3. _____   _____

4. _____   _____

5. _____   _____

6. _____   _____

7. _____   _____

8. _____   _____

Lección ocho

4 ¿Cómo es el clima en Alemania?

Escribir un texto con estas palabras.

nevar · lluvia · sol · primavera · verano · temperatura · clima · llover · tiempo · norte · otoño · calor · sur · invierno · clima · frío

5 ¿Con acento o sin acento?

1. Carlos, ¿que tomas?
   Tomo un cafe. Y tu, ¿tomas tambien un cafe?
   Claro que si.

2. ¿Donde vive Vd.?
   La ciudad donde vivo normalmente es Segovia.
   Esta en el centro del pais.

3. ¿Por que habla la empleada con varios hoteles?
   Habla por telefono con diferentes hoteles porque necesita cinco habitaciones dobles y ademas una habitacion individual.

4. Esperanza tiene la direccion de un chico aleman por su profesora alemana.

5. El Corte Ingles tiene muchos vestidos muy bonitos. La madre de Elena compra una camiseta azul y pantalones rojos. Como compra muchas cosas, paga con su tarjeta de credito.

6. Esta falda amarilla esta de moda.

Lección nueve 9

1 Formar frases.

Pilar	contar	estudiar alemán
Yo	pensar	ir a Argentina en verano
Antonio y Ricardo	querer	ir de excursión
Nosotros	poder	trabajar hoy
Vosotros	encontrar	algo muy interesante
Tú	querer	estudiar mucho hoy
Carlos	encontrar	algo sobre este tema
Nosotros	encontrar	un bar en el camino

2 Formar frases con el pretérito perfecto.

en primera persona del singular		
hoy	tener un día interesante	_____
este año	olvidar el libro	_____
esta mañana	no entender a mi profesor	_____
hoy	trabajar mucho	_____
este verano	poder ir al cine	_____
esta semana	encontrar la tarjeta de crédito	_____
en las vacaciones	llegar a las tres	_____
hoy	desayunar poco	_____
esta tarde	comprar un jersey	_____

Lección nueve

3 ¿Qué deporte practica...?

Javier: _____

Carlos: _____

Iñigo: _____

Ana: _____

Francisco: _____

Arancha: _____

Joaquín Sanchez y Pedro: el fútbol

4 Poner la frase en presente.

1. He querido escribir una carta. _____

2. No hemos querido ir al centro. _____

3. El cine ha empezado a las ocho. _____

4. Los amigos han pensado
   ir a la piscina. _____

5. ¿Por qué no has venido a mi casa? _____

6. Esta mañana no ha nevado,
   pero ha llovido mucho. _____

7. El empleado de la agencia de viajes _____
   ha podido reservar dos habitaciones.
   _____

Lección diez 10

1 Carta al Hotel Alay en Benalmádena.

Como no podemos mandar las partes de esta carta al Hotel Alay en Málaga, escribimos nuestra reserva de habitaciones otra vez.

pasar cinco días con 4 personas	esta interesante región. Necesitamos dos habitaciones	espera de sus noticias les saludamos atentamente
dobles del 3 al 8 de junio. ¿Tiene su	folletos y un plano de Málaga. En	a principios de junio? ¿Qué precio tienen
Estimados señores: Este año pensamos	hotel piscina y garaje? ¿Tienen	del 12 de febrero de 2...
todavía habitaciones libres	en la Costa del Sol. Queremos ver mucho de	las habitaciones con desayuno? También necesitamos

2 ¿Cómo puede contestar el Hotel Alay al cliente?

HOTEL ALAY

PUERTO MARINA
29630 BENALMADENA
Tfno.: 95 - 244 14 40
Fax: 95 - 244 63 80
E-Mail: alay@activanet.es

Lección diez

3 ¿En qué hotel quiere pasar sus vacaciones? ¿Y por qué?

Hotel ROYAL COSTA ✱✱✱ AGP 0317

Sistema Ibérica, s/n - Tel.: 952 281 411 - TORREMOLINOS

	ALOJ. Y DESAYUNO	MEDIA PENSION	PENSION COMPLETA	Suplemento Habit. Doble Uso Individual
01/05 - 23/06	23	29	37	18
24/06 - 30/06	29	35	43	18
01/07 - 07/07	29	35	44	18
08/07 - 28/07	40	46	57	24
29/07 - 03/08	53	59	70	29
04/08 - 18/08	55	62	74	29
19/08 - 25/08	53	59	70	29
26/08 - 08/09	41	48	59	24
09/09 - 17/09	28	34	45	18
18/09 - 30/09	26	32	43	18
01/10 - 31/10	23	29	37	18

Situación: A 800 metros de la playa y a 5 minutos en coche de Torremolinos.

Acomodación: Habitaciones con calefacción y aire acondiconado, teléfono, caja de seguridad y terraza.

Instalaciones y Complementos: Restaurante con aire acondicionado, snack bar, calefacción, billar, tenis de mesa, amplia piscina para adultos, piscina infantil, solarium, hamacas.

Servicio Comedor: Buffet.

Precios por persona y noche en habitación doble:
- Descuento niños de 2 a 12 años inclusive, compartiendo habitación con dos adultos: 1º y 2º: **50%**.
- Descuento 3ª persona: **30%**.
- Suplemento Habitación Individual: 18 euros por noche.
- Estancia mínima 7 noches, estancias inferiores suplemento de 3,75 euros por persona y noche.

El hotel Royal Costa ofrece las siguientes posibilidades:

Lección diez

Hotel ROYAL AL ANDALUS ★★★★
AGP 0316
Al Andalus, 3 - Tel.: 952 281 200 - TORREMOLINOS

	ALOJ.Y DESAYUNO	MEDIA PENSION	PENSION COMPLETA	Suplemento Habit. Doble Uso Individual
01/05 - 23/06	27	33	44	19
24/06 - 30/06	35	40	51	21
01/07 - 07/07	35	41	52	21
08/07 - 28/07	45	51	65	26
29/07 - 03/08	59	65	79	33
04/08 - 18/08	62	68	83	33
19/08 - 25/08	59	65	79	33
26/08 - 08/09	46	53	66	26
09/09 - 17/09	36	43	56	21
18/09 - 30/09	35	40	54	21
01/10 - 31/10	27	33	44	19

Precios por persona y noche en habitación doble:
- Descuento niños de 2 a 12 años inclusive, compartiendo habitación con dos adultos: 1º y 2º: **50%**.
- Descuento 3º persona: **30%**.
- Suplemento Habitación Individual: 19 euros por noche.
- Estancia mínima 7 noches, estancias inferiores suplemento de 5 euros por persona y noche.

Situación: A 400 metros de la playa y a 700 metros del centro de Torremolinos.
Acomodación: Habitaciones con aire acondicionado, calefacción, teléfono, caja de seguridad en alquiler, TV y hermosas vistas al mar o piscina.
Instalaciones y Complementos: Aire acondicionado, snack bar, salones, sala de convenciones, tenis de mesa, piscina, solarium y jardines.
Servicio Comedor: Buffet.
Información general: El hotel se encuentra próximo al área comercial de Torremolinos, y no lejos del Parque Acuático.

El hotel Royal Al Andalus me interesa porque ...

Lección diez

Parador de Cardona * * * *

08261 Cardona (Barcelona)

El Parador se ubica en un castillo del siglo IX. Allí se encuentran a la vez la torre Minyona del siglo II, una iglesia del siglo XI y elementos representativos del románico catalán de los alrededores. Desde el castillo se tiene un exceptional panorama de la ciudad y de las tierras fértiles.
En las habitaciones predomina el confort y un mobiliario medieval de inspiración catalana. El hotel ofrece cocina catalana.

Distancia a Paradores más próximos

- Vic-Sau: 96 km.
- La Seu d'Urgell: 100 km.
- Artíes: 205 km.
- Vielha: 212 km.
- Tortosa: 231 km.
- Aiguablava: 233 km.

Cómo llegar

Ubicado un una colina frente a la villa de Cardona, el Parador se encuentra a 85 km. de Barcelona. La Autopista A-18, saliendo de Manresa en dirección de Solsona, es su principial vía de aceso: y desde Lleida, la C-1313, dirección Seo d'Urgell, saliendo a Solsona.

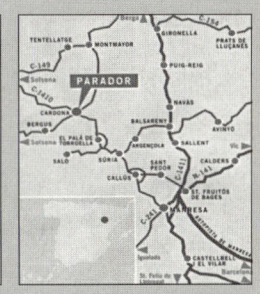

Actividades

- Golf
- Excursiones a caballo
- Hípica
- Ultraligeros
- Pesca.

Fiestas Típicas

- **Fiesta Mayor de Cardona**, segundo sábado de Septiembre, Cardona.
- **La Patum**, Corpus, Berga, a 11 km.
- **Carnaval**, Febrero, Solsona, a 22 km.

Excursiones

- **Cardona**. Archivo Histórico, Montaña de Sal Gema, Casco Antiguo, murallas.
- **Solsona** (24 km). Catedral.
- **Santuario de Mare de Deu de Queralt** (29 km).
- **Montserrat** (45 km). Monasterio y Museo de Montserrat.

BCNA405/Programa: PARAD

Precios por persona y noche

FECHAS	REG.	HAB. DOBLE	DESCUENTOS 3ª PERSONA	DESCUENTOS 1er NIÑO	HAB. DOBLE USO INDIV.
1/3-22/3 y 2/4-30/6	A	57,39	30%	65%	91,82
	AD	66,70	26%	63%	101,14
	MP	91,15	19%	59%	125,58
	PC	106,87	16%	58%	141,30
23/3-1/4 y 1/7-31/10	A	57,39	30%	48%	91,82
	AD	66,70	26%	48%	101,14
	MP	91,15	19%	48%	125,58
	PC	106,87	16%	49%	141,30
1/11-29/12	A	49,18	30%	65%	78,80
	AD	58,50	25%	63%	88,02
	MP	82,93	18%	59%	112,46
	PC	98,67	15%	57%	128,17

A: Alojamiento; AD: Alojamiento y Desayuno; MP: Media Pensión; PC: Pensión Completa

El Parador de Cardona es interesante porque ...

_____

_____

Quiero pasar mis vacaciones en el hotel .... porque ...

_____

_____

_____

Lección once 11

1 Emplear *como* o *porque*.

Ejemplo:
Los turistas tienen que coger un taxi porque el hotel no está cerca del aeropuerto.

Como el hotel no está cerca del aeropuerto, los turistas tienen que coger un taxi.

1. Iñigo e Iván no han cerrado la tienda porque los clientes no han salido todavía.

2. Macarena y Andrés quieren cambiar pesetas en francos belgas porque van a ir a Bruselas.

3. Como Noelia no tiene el carnet de identidad, no puede retirar dinero de su cuenta de ahorros.

4. Irene lee muchos libros porque trabaja en una biblioteca.

5. Como Begoña trabaja muchas horas, no tiene mucho tiempo libre.

2 Completar las frases.

1. El vuelo a Brasil ya está ..... (pagar)

2. En Grecia ..... habla griego.

3. ¿A qué hora .... que trabajar Vd. mañana?

4. Para poder entrar en la universidad hay ..... estudiar mucho.

5. En verano, ... la gente está en la playa.

6. Ana está ...... (emplear) en la Oficina de Turismo.

3 Sopa de letras. ¿Qué letras sobran en el texto?

Anarhasempezadohantrabajarlenslañoficinasdetturismobanlasonuevexderlaumañana.Comomesoverano,chayumuchasgentelquedquierenviajaroenpvacaciones.También yhayamuchoseturistasmqueqnecesitaninformaciónesobrerlasciudad,operolantesotienenuquefirialabanco,eparancambiarzsusdinerovenbpesetas.Parawpodergcambiarjobretiraridinero,khayoquerllevartelucarnetodelidentidadeopelipasaporte.

Lección once

4 ¿Dónde está ....?

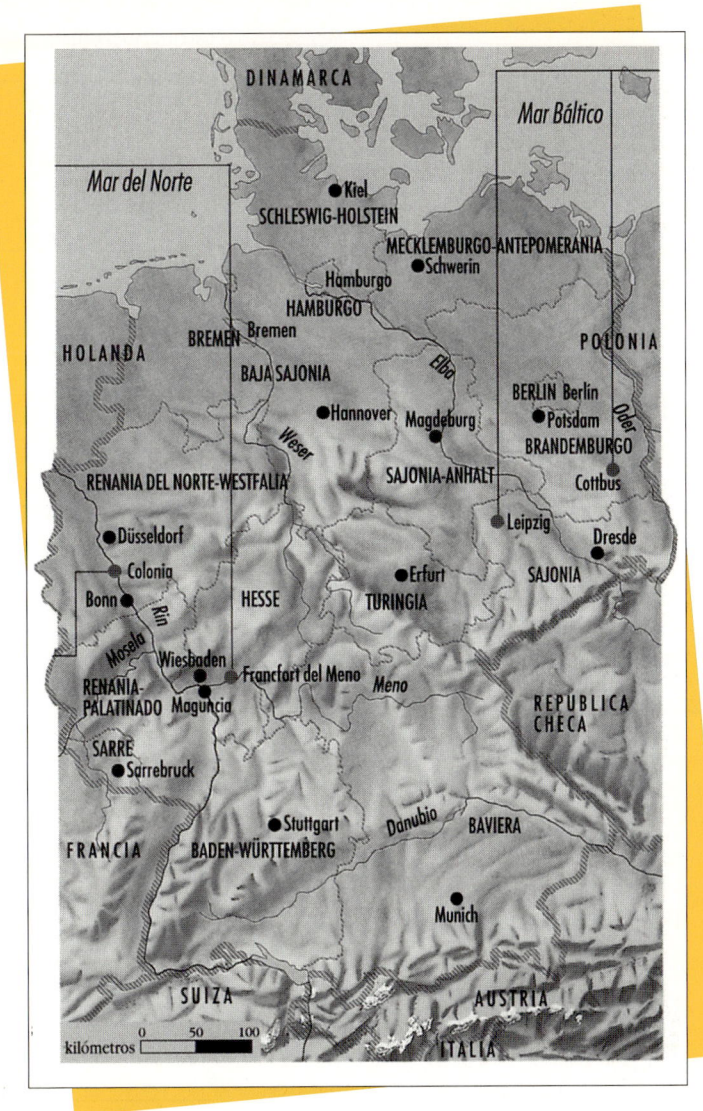

Ejemplo:
¿Dónde está Colonia?   Colonia está en Renania del Norte-Westfalia, a orillas del Rin, entre Bonn y Düsseldorf, en el oeste de Alemania.

¿Dónde está Dresden?   _____

¿Dónde está Hamburgo?   _____

¿Dónde está Francfort del Meno?   _____

¿Dónde está Munich?   _____

¿Dónde está Schwerin?   _____

Lección once

5 ¿Cómo se dice en alemán?

1. el Danubio _____

2. Baviera _____

3. Sajonia _____

4. Maguncia _____

5. el Meno _____

6. el Sarre _____

7. Renania-Palatinado _____

8. Munich _____

9. el Rin _____

10. Colonia _____

11. Renania del Norte-Westfalia _____

12. el Mosela _____

13. Baja Sajonia _____

14. el Mar del Norte _____

15. Francfort del Meno _____

16. el Mar Báltico _____

Lección once

6 Escribir sus datos personales.

ARGENTARIA
BANCO EXTERIOR

SOLICITUD DE APERTURA DE CUENTA
(Toma de datos)

OFICINA	DOMICILIO	TELEFONO	FECHA
Calle del Sol, Sevilla	Calle del Sol, 24	91-2538917	2 de mayo de..

TIPO DE CUENTA

CLASE DE CUENTA		
1)	☐ INDISTINTA ☐ CONJUNTA ☐	

TITULARES

NOMBRE Y APELLIDOS/RAZON SOCIAL	NACIMIENTO/CONSTITUCION		
	Fecha	Lugar	Provincia/País

ESTADO	PROFESION/ACTIVIDAD	DOCUMENTO DE IDENTIFICACION			
		Clase 2)	Número	Fecha expedición	Lugar expedición

DOMICILIO FISCAL				TELEFONO
Calle	Plaza	Provincia/País	Cód. Postal	

NOMBRE Y APELLIDOS/RAZON SOCIAL	NACIMIENTO/CONSTITUCION		
	Fecha	Lugar	Provincia/País

ESTADO	PROFESION/ACTIVIDAD	DOCUMENTO DE IDENTIFICACION			
		Clase	Número	Fecha expedición	Lugar expedición

DOMICILIO FISCAL				TELEFONO
Calle	Plaza	Provincia/País	Cód. Postal	

DOMICILIO POSTAL

Calle	Plaza	Provincia/País	Cód. Postal	TELEFONO

GERENTE/GESTOR

Nombre	Código

1) la cuenta corrienta — das Girokonto
   la cuenta de ahorros — das Sparkonto
   la cuenta a plazo fijo — das Festgeldkonto
2) DNJ (el documento national de identidad) — der Personalausweis
   el pasaporte — der Reisepass

Lección doce 12

1 ¿Qué ha pasado?

hoy	yo	escribir cartas
esta mañana	Arturo	comprar un libro
esta tarde	las chicas	hacer las compras
esta noche	tú	hacer la cama
esta semana	vosotros	ver los juguetes de Luisa
este año	nosotros	desayunar tarde hoy
	los padres	ayudar a los hombres de la mudanza
	los hombres	poner las cajas en la nueva casa
	Ana	meter los muebles en el camión
	las secretarias	preparar la cena

2 Poner en pretérito perfecto.

1. Alicia llega a casa, abre la puerta y entra.

2. Sube al piso, abre las cartas y las lee.

3. Después hace los deberes.

4. Luego escribe una carta.

5. Llama por teléfono a su amiga.

6. Hablan sobre muchas cosas.

Lección doce

3 Contestar las preguntas y emplear „ya", „todavía", „todavía no".

Ejemplo:
¿Has llamado a Juan?

1. ¿Has abierto la puerta? Sí, ...
2. ¿Habéis puesto el transistor en la cocina? No, ...
3. ¿Has hecho los deberes? Sí, ...
4. ¿Has leído ya el periódico? No, ...
5. ¿Has visto a Elena? Sí, ...
6. ¿Habéis escuchado estos discos? No, ...
7. ¿Has puesto las plantas en la cocina? Sí, ...

4 Por la noche llama por teléfono la hermana de la señora Moreno y pregunta:

¿Cómo ha sido la mudanza?
Emplea, si es posible, los pronombres personales.

Señora Moreno:	Teresa, su hermana:
Dígame	Hola, Nuria. ¿Cómo estás?
Hola, Teresa. Gracias, bastante bien.	¿Habéis terminado la mudanza?
	¿Habéis podido poner todas las cosas en el camión?
	¿Ya has abierto todas las cajas?
	Y Luisa, ¿ya ha encontrado sus juguetes?
	¿Y qué habéis hecho con las plantas?
	¿Ya habéis visto el pueblo donde vais a vivir?

© Bildungsverlag EINS (Stam 7381)

Lección doce

5 Encontrar los precios.

La Señora Moreno ha ido al supermercado.

Señora Moreno: He comprado 24 latas de Coca-Cola.

Señor Moreno: ¿Cuánto han costado?

Señora Moreno: Normalmente cuestan _____,

pero han costado solamente _____.

COCA COLA, pack de 24 latas de 33 cl,
~~6.95 €~~
6.12 €
La unidad le sale a
0.25 €

Señor Moreno: ¿Has comprado también café?

Señora Moreno: Claro, he comprado dos paquetes. Normal-

mente dos paquetes cuestan _____,

pero he pagado solamente _____.

*Café natural o mezcla
BONKA,
paquete de 250 g,*
~~1.75 €~~ **1.49 €**

Señor Moreno: ¿Y qué has comprado para los niños?

Señora Moreno: He comprado un paquete de Chocokrispies.

Normalmente cuestan _____,

pero hoy he pagado _____.

*Chocokrispies
o Frosties
KELLOGG'S
paquete
de 500 g,*
~~2.28 €~~
1.87 €

Señor Moreno: Entonces has comprado muy bien.

Lección trece 13

1 Sustituir los sustantivos por los pronombres personales.

1. Marta busca **el número del teléfono.** _____

2. Los chicos ya empiezan a preparar **la cena.** _____

3. ¿Ya has abierto **la carta?** _____

4. ¿Habéis visto **a Juan?** _____

5. El padre está abriendo **las cajas.** _____

6. La madre está preparando **unos bocadillos.** _____

7. Hoy no podemos poner **las plantas** en el piso. _____

8. Tenemos que volver a Sagunto para coger **las plantas.** _____

2 Contestar con el pronombre y la forma verbal correcta.

1. ¿Quién prepara **la ensalada?** Yo _____

2. ¿Quién compra **el vino?** Miguel _____

3. ¿Quién ha traído **las galletas?** Marta y Dolores _____

4. ¿Quién está pelando **las patatas?** Renate _____

5. ¿Dónde está **la limonada?** Nosotros _____

6. Hay que batir todavía **los huevos.** Yo _____

   Yo _____

7. ¿No habéis traído **música?** Sí, nosotros _____

Lección trece

3 Completar los diálogos con los pronombres.

1. Marta, ¿_____ traigo algo para beber?

2. Vale, una limonada. Ah, ¿puedes traer_____ también un bocadillo?

3. Sí, claro, ¿de qué _____ quieres?

4. _____ quiero de queso.

5. Francisca, ¿_____ gusta la fiesta?

6. Sí, _____ gusta mucho.

7. ¿Quién _____ ha escrito? (2a pers. del pl.)

8. _____ ha escrito una amiga de Salamanca.

9. Juan, ¿ya _____ has comprado el libro nuevo de Isabel Allende?

10. No, todavía no. Tengo que comprar_____ el libro mañana./Me tengo que comprar el libro mañana.

Lección trece

4 ¿Qué dice?

Escoger[1] la respuesta correcta.

> ¿Me ayudáis?

> Te traigo una cinta.

> ¿Me puede explicar el complemento directo otra vez?

> ¿Me dáis un poco de dinero?

1. Tienes que escribir un texto en español.
   ¿Qué dices a tus amigos españoles? _____

2. Tienes una cinta para un amigo.
   ¿Qué le dices? _____

3. No tienes dinero.
   ¿Qué dices a tus padres? _____

4. No entiendes el complemento directo.
   ¿Qué dices a tu profesor? _____

5 En Madrid organizan en marzo las siguientes Ferias y Salones.

Escribir los datos.

MARZO MADRID — FERIAS Y SALONES

- 3–6 **sicur** Salón Internacional de la Seguridad.
- 14–22 **expoocio** Feria del Tiempo Libre.
- 14–22 Salón Internacional del Bricolage.
- 16–19 **ofitec** Salón Internacional del Mueble de Oficina.
- 27–29 **EXPO CALZADO** Salón Internacional del Calzado.
- 27–30 **IBER PIEL** Salón Internacional de la Piel.

INFOIFEMA 722 51 80
PARQUE FERIAL JUAN CARLOS I
28067 Madrid.
Fax. 722 58 01

VIAJES ECUADOR MADRID
Parque Ferial Juan Carlos I
Tel. (91) 722 52 32/33/34
Fax. (91) 722 52 35

VIAJES MARSANS MADRID
Parque Ferial Juan Carlos I
Tel. (91) 722 52 36/37/38
Fax. (91) 722 52 39. Telex. 44901

IFEMA Feria de Madrid

_____
_____
_____
_____
_____
_____
_____
_____
_____
_____
_____
_____

1) aussuchen
2) tener lugar – stattfinden

Lección trece

6 La señora Moreno ha comprado algunas cosas en el supermercado OpenCor.

Explicar el ticket de compra[1].

1. ¿Dónde está el supermercado OpenCor?

   _____

2. ¿A qué hora ha estado la señora Moreno en el supermercado?

   _____

```
            OpenCor
         Opencor Alcalá
          Alcalá, 108
       Madrid Tfno: 914262587

0514 1973535 72003627  20/05/2002 20:42
Uds.   PRODUCTO       P.U.   IMPORTE
----------------------------------------
 1    AGUA CON GAS    0,55    0,55
 1    CERVEZA S/AL    0,53    0,53
      OFERTA REDUCCION PRECIO -0,14
 1    CERVEZA S/AL    0,53    0,53
      OFERTA REDUCCION PRECIO -0,14
 1    HUEVO BCO/MN    1,32    1,32
      OFERTA REDUCCION PRECIO -0,13
----------------------------------------
     (*)TOTAL IVA INCLUIDO    2,52
     (*)PTA 419
----------------------------------------
IVA 7%             0,51       0,04
IVA 16%            0,67       0,11
IVA 4%             1,14       0,05
----------------------------------------
EFECTIVO           1.664     10,00
CAMBIO             1.245      7,48
*******************************
**  GRACIAS POR SU VISITA  **
*******************************
```

3. ¿Qué ha comprado?

   _____

4. ¿Cuántos artículos ha comprado?

   _____

5. ¿Cuánto ha pagado en total?

   _____

6. ¿Cuánto dinero ha entregado y cuánto le han devuelto?

   _____

7. ¿Qué porcentajes tiene el IVA sobre los diferentes artículos?

   _____

7 Leer y escribir las siguientes cifras.

... un Corsa Swing por 9.650 euros   _____

... un SEAT Córdoba por 13.935 euros   _____

... un Nissan Serena desde 17.530 euros   _____

---

[1] el IVA = el impuesto sobre   die Mehrwertsteuer
          el valor añadido
   la factura   die Rechnung
   el artículo   der Artikel

Lección catorce 14

1 Hacer frases correctas.

a causa de su enorme extensión

encontramos tanto zonas desérticas

Hispanoamérica tiene climas y paisajes diferentes.

empleamos el nombre de Latinoamérica

como zonas de selva tropical.

es una zona subdesarrollada

a pesar de los numerosos recursos naturales

porque sus lenguas español y portugués derivan del latín.

como exportan sus productos a precios muy bajos

no obtienen las divisas necesarias para mejorar su situación.

1. _____

2. _____

3. _____

4. _____

5. _____

Lección catorce

2 Latinoamérica

a) Comparar los datos de los países latinoamericanos en el libro.

Ejemplo:
- Argentina tiene una superficie más grande que Bolivia.
- Costa Rica tiene menos habitantes que Cuba.

_____
_____
_____
_____
_____

b) Formar frases con *menor, mayor, mejor, peor, tan, tantos*.

_____
_____
_____
_____
_____

3 Completar el texto.

En Hispanoamérica la lengua oficial es el _____. Sólo en Brasil se habla _____.

El español y el portugués son lenguas derivadas del _____.

En el oeste de Hispanoamérica están _____, con una _____ media de 4.500 metros.

El río más grande del mundo es el _____. _____ en Perú y _____ todo Brasil hasta el Océano Atlántico.

En Hispanoamérica hay tanto zonas _____ como zonas de _____ _____.

Muchos países dependen de _____. Entre los cultivos más importantes están _____.

Latinoamérica tiene buenas condiciones _____ numerosos _____.

Pero, sin embargo, en Hispanoamérica hay muchos países _____.

Lección catorce

> —¿Y QUÉ TE HA DICHO EL VETERINARIO?
> —QUE MENOS LEER Y MÁS TELEVISIÓN

4 Escoger la respuesta correcta.

1. México es uno de los países
   a) _____
   b) mayor de Latinoamérica.
   c) más pequeños de Latinoamérica.

2. Buenos Aires tiene
   a) menos habitantes que San Salvador.
   b) los más habitantes que San Salvador.
   c) _____

3. El desarrollo socioeconómico de Hispanoamérica es
   a) más difícil.
   b) _____
   c) menos difícil.

4. a) _____
   b) El más grande de los hermanos se llama David.
   c El menos grande de los hermanos se llama David.

5. a) Brasil tiene la más superficie de Sudamérica.
   b) Brasil tiene la _____ superficie de Sudamérica.
   c) Brasil tiene la menos superficie de Sudamérica.

Lección quince 15

1 ¿Dónde está......?

Describir la habitación con *delante de, debajo de, encima de, enfrente de, detrás de, al lado de, a la derecha de, a la izquierda de, junto a.*

Lección quince

2 ¿Qué hacen estos turistas?

1. _____

2. _____

3. _____

4. _____

5. _____

6. _____

7. _____

8. _____

9. _____

© Bildungsverlag EINS (Stam 7381)

55

Lección quince

3 ¿Qué hace Belén?

a) Describir el día de Belén (en presente).

> vendedora de discos – levantarse 6.30 – ducharse – arreglarse –
> desayunar 7.30 – salir de casa – ir en autobús – calle Guernica –
> zona peatonal – Enrique – Don José –
> escuchar las llamadas del contestador automático – ruido – suelo –
> romperse un pie – médico de urgencias – hospital – tomar un café

b) Por la noche llama a una amiga y le cuenta lo que ha hecho durante el día (en pretérito perfecto).

Lección quince

4 Para ir en autobús de Sevilla a Málaga se necesita dos horas y media. ¿A qué hora sale...?

a) En la estación de autobuses de Sevilla, a las seis de la mañana. Es un domingo.

Estudiante:

_____

_____

Empleado de la empresa Alsina:
El autobús sale a las 7.

Estudiante:
¿El domingo también?

Empleado:

_____

Estudiante:
¿Y a qué hora va a llegar?

Empleado:

_____

Estudiante:
Gracias.

Empleado:
De nada.

T. ALSINA GRAELLS SUR, S.A.

Servicios entre:

Málaga y Sevilla

Lunes, Martes, Miércoles
Jueves y Sábados (NO FESTIVOS)

SALIDAS DE MALAGA	SALIDAS DE SEVILLA
7'00	7'00 •
8'00 •	9'00
9'00	10'00
11'00	11'00
13'00	13'00
15'00	15'00
17'00	16'30 •
18'00 •	18'00
19'30	19'30
03'00 •	24'00 •

• SERVICIO RUTA

SALIDAS, LLEGADAS, INFORMACION Y DESPACHO DE BILLETES Y DE ENTRADAS A LA CUEVA EN:

MALAGA: Estación de Autobuses. Telf. (95) 231 82 95

SEVILLA: Estación de Autobuses Telf. (95) 441 88 11

LOS HORARIOS CONTENIDOS EN ESTE FOLLETO, SON SOLAMENTE A TITULO INFORMATIVO Y PUEDEN SER SUSCEPTIBLES DE MODIFICACION SIN PREVIO AVISO.

T. ALSINA GRAELLS SUR, S.A.

Servicios de:

Málaga y Sevilla

VIERNES (NO FESTIVOS)

SALIDAS DE MALAGA		SALIDAS DE SEVILLA	
7'00	16'00	7'00 •	16'00
8'00 •	17'00	9'00	16'30 •
9'00	18'00 •	10'00	18'00
11'00	19'30	11'00	19'30
13'00	21'00	13'00	21'00
15'00	03'00 •	15'00	24'00 •

DOMINGOS Y FESTIVOS

SALIDAS DE MALAGA		SALIDAS DE SEVILLA	
8'00 •	17'00	7'00 •	16'30 •
9'00	18'00 •	9'00	18'00
11'00	19'30	10'00	19'30
13'00	21'00	13'00	21'00
15'00	03'00 •	15'00	24'00 •
16'00		16'00	

• SERVICIO RUTA

SALIDAS, LLEGADAS, INFORMACION Y DESPACHO DE BILLETES:

MALAGA: Estación de Autobuses. Telf. (95) 231 82 95

SEVILLA: Estación de Autobuses Telf. (95) 441 88 11

LOS HORARIOS CONTENIDOS EN ESTE FOLLETO, SON SOLAMENTE A TITULO INFORMATIVO Y PUEDEN SER SUSCEPTIBLES DE MODIFICACION SIN PREVIO AVISO.

b) Hacer otros diálogos entre el empleado y un grupo de turistas
   – para salir otros días de la semana.
   – para salir a otra hora.
   – para salir de Málaga a Sevilla.

_____

_____

_____

_____

© Bildungsverlag EINS (Stam 7381)

Lección dieciséis 16

1 Lanzarote: una de las islas más bonitas de las Canarias

La isla de Lanzarote está situada a 100 kilómetros de África, en el Océano Atlántico. La temperatura media es de 18° en invierno y 23° en verano. La capital se llama Arrecife y tiene más de la mitad de la población de toda la isla.

Lanzarote es una unión entre la creación[1] de la Naturaleza y del arquitecto César Manrique. Gracias a él, todas las casas de Lanzarote son blancas con puertas verdes (si están en el interior de la isla) o con puertas azules (si están junto al mar). La UNESCO protege[2] esta isla porque tiene uno de los principales tipos de ecosistemas del planeta.

Es una isla volcánica (1814: la última erupción de un volcán), pero los lanzaroteños saben cómo encontrar tierra fértil bajo las cenizas[3]. Han aprendido a sobrevivir a pesar de los volcanes.

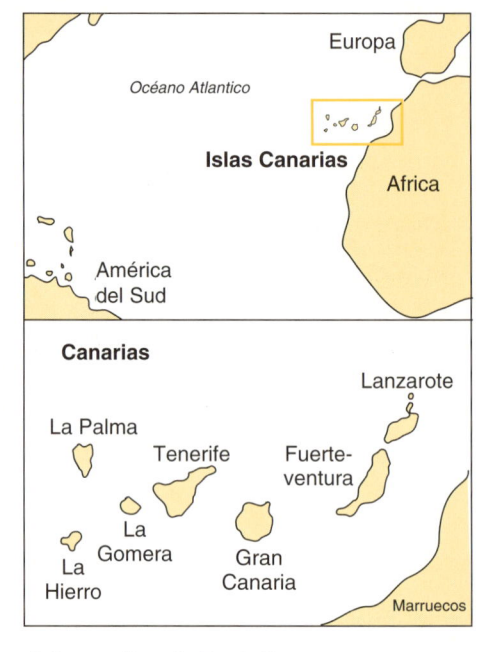

1) la creación – die Erschaffung
2) proteger – schützen
3) la ceniza – die Asche

Completar las frases.

1. Lanzarote está en _____

2. El clima en esta isla es _____

3. Las casas de Lanzarote son _____

4. César Manrique es un arquitecto _____

5. Los lanzaroteños son _____

6. Lanzarote me gusta porque _____

2 Vd. quiere tener más información sobre Lanzarote y el arquitecto César Manrique.

Escribir una carta.

- Para más información:
  Patronato Insular de Turismo de Lanzarote (Arrecife)
  C/Blas Cabrera Felipe s/n.
  Tel.: (9-28) 8117 62.
  Fax: (9-28) 80 00 80

- Más información sobre la obra de César Manrique se puede obtener en:
  Oficina Central (Arrecife)
  C/García Escámez, 157
  Tel.: (9-28) 8110 60.
  Fax: (9-28) 80 27 54

3 ¿Adjetivo o adverbio?

1. _____ Diego escribe una carta al mes a su amiga Anja. **normal**
2. Para Anja esto es _____ porque ella escribe también cada mes una carta. **normal**
3. El señor Moreno ha ido _____ de Sagunto a Almussafes. **regular**
4. Ahora vive _____ en El Saler. **oficial**
5. La vida de su familia es más _____. **tranquilo**
6. Por la mañana va _____ de su casa a la empresa donde trabaja _____. **tranquilo/regular**
7. Como Renate vive en Alemania, llama _____ a casa de Dolores. **regular**
8. Renate ya habla el español muy _____, pero su amigo Christian lo habla muy _____. **bueno/malo**
9. Miguel dice: Es una comida _____. **real/bueno**

4 ¿Con o sin *se*?

1. No sé cómo llama/se llama mi profesora.
2. ¿A qué hora has dormido/te has dormido?
3. Hoy no he dormido/no me he dormido muy bien.
4. No puedo/no me puedo levantarlo.
5. ¿Todavía no has levantado /no te has levantado?
6. ¡Cuidado, que caes/que te caes!
7. ¿Llamas/te llamas a tus padres cada semana?
8. ¡No te muevas! ¡Para/Párate!
9. Si quieres, puedes quedar/te puedes quedar esta noche.

5 ¿Sí o no?

Un estudiante elige un continente, un país, una región, una ciudad o un pueblo. Los otros le hacen preguntas para saber en lo que ha pensado. Pero él sólo puede contestar con sí o no.

Ejemplo:

¿Es un país? *Sí.*
¿Está en Europa? *No.*

Lección diecisiete 17

1 Completar con *algo, nada, alguien, nadie, alguno, ninguno, nunca.*

1. ¿Quieren tomar _____?

   No, gracias, no queremos tomar _____.

2. ¿Cuántas personas hay en el restaurante?

   Sólo hay _____. Todavía es temprano.

3. ¿Hay en esta empresa _____ de Alemania?

   No, no hay _____.

4. ¿Tiene _____ mesa de roble?

   No, de momento no tenemos _____.

5. ¿Ha llamado _____ de mis amigos?

   No, hasta ahora no ha llamado _____.

6. Normalmente trabaja mucho, pero hoy no ha trabajado _____.

7. Pedro siempre hace deporte.

   Pero Paco no lo hace _____.

Lección diecisiete

2 En una oficina

Lección diecisiete

a) ¿Qué número tiene...?

___ el escritorio: _____

___ la grapadora: _____

___ la papelera: _____

___ la silla giratoria: _____

___ el ordenador: _____

___ la fotocopiadora: _____

___ el archivador: _____

___ la pantalla: _____

___ la carpeta: _____

___ el teclado: _____

___ el armario: _____

___ el tablón de anuncios, el corcho: _____

___ el teléfono: _____

___ la calculadora: _____

___ la impresora: _____

___ el fax: _____

___ el cajón: _____

___ el sello: _____

___ la perforadora: _____

___ la lámpara: _____

b) Una persona pregunta: <u>Otra persona contesta:</u>

¿Dónde está.....   .....está en/al lado de/detrás de/a la izquierda del/...

Ejemplo:
¿Dónde está el armario?   *El armario está al lado de la puerta.*

¿Dónde está el ordenador?   _____

_____   _____

_____   _____

_____   _____

c) ¿Qué es? Un estudiante piensa en un objeto y describe donde está. Los otros dicen qué objeto es.

Ejemplo:
– El objeto en que he pensado está encima del escritorio, entre la calculadora y el archivador.
  ¿Qué es?
– Es la carpeta.

Lección diecisiete

3 ¿Qué hace?

a) ¿Qué hace......?

Describir lo que hacen estas personas:

una secretaria _____

un taxista _____

un profesor _____

un empleado de banco _____

una empleada en
una agencia de viajes _____

una vendedora en
una tienda de discos _____

un pintor _____

un estudiante _____

b) ¿Qué profesión le gusta?

Describir qué profesión le gusta y por qué.
Me gusta mucho la profesión de ... porque ...

| me gusta mucho | me gusta bastante | me gusta poco |

| no me gusta | no me gusta nada |

_____
_____
_____
_____
_____

© Bildungsverlag EINS (Stam 7381)

63

Lección diecisiete

4 Mafalda (un cómic de Argentina)

¡VOS ESTÁS LOCA, MAFALDA! ¿YO ESTUDIAR UNA CARRERA?	¿YO SER INGENIERA O ARQUITECTA, O ABOGADA, O MÉDICA? ¿YO? ¡JA!	¡YO VOY A SER AMA DE CASA Y VOY A APECHUGAR*CON LAS TAREAS DOMÉSTICAS! ¡VOY A SER **MUJER**!	¡Y NO UNA DE ESAS AFEMINADAS QUE TRABAJAN EN COSAS DE HOMBRES!

Vocabulario:

vos estás (arg.)	tú estás
loco	verrückt
estudiar una carrera	studieren
abogada	Rechtsanwältin
ama de casa	Hausfrau
apechugar	hier: übernehmen
tarea doméstica	Hausarbeit
afeminada	hier: Feministin

a) ¿Qué dice Susanita en este cómic?

_____
_____
_____
_____
_____

b) ¿Qué piensa usted sobre lo que dice?

_____
_____
_____
_____
_____

Lección dieciocho 18

1 El turismo de las costas

España es el país europeo con más kilómetros de costa. Sus mares son muy diferentes: el Cantábrico tiene aguas frías y movidas[1], el Mediterráneo tiene cálidas[2] y tranquilas, y en el Estrecho de Gibraltar las aguas son templadas[3] y agitadas[4], debido al encuentro[5] del Mediterráneo con el Océano Atlántico.

Una de las zonas de España más atractivas para los turistas es la Costa del Sol, que va desde Granada hasta Cádiz. En esta costa está Marbella, con puertos deportivos de muy alto nivel[6]. También en la Costa del Sol se encuentra Tarifa, que, junto a Tenerife, es una de las playas favoritas de los turistas holandeses, franceses y alemanes para practicar el windsurf.

También se practican deportes de agua en la Costa Brava, Costa Dorada y, sobre todo, en las costas de Mallorca, donde se celebran importantes campeonatos[7] de vela. Algo muy importante en las costas catalanas es el contraste[8] de la modernidad de sus ciudades – como Barcelona, „ciudad internacional" – con sus bonitas playas.

El litoral cantábrico tiene también su encanto[9]: pequeños pueblos de pescadores, Santander – capital de Cantabria, que es una ciudad muy bella situada en la costa – , y, en general, playas preciosas[10].

1)	movido, a	hier: rau
2)	cálido, a	caluroso, a
3)	templado, a	gemäßigt
4)	agitado, a	hier: stürmisch
5)	el encuentro	das Zusammentreffen
6)	el nivel	das Niveau
7)	el campeonato	die Meisterschaft
8)	el contraste	der Gegensatz
9)	el encanto	der Zauber, der Charme
10)	precioso, a	hübsch, reizvoll

¿Cómo era España? Escribir el texto en imperfecto.

_____

_____

_____

_____

_____

_____

_____

_____

Lección dieciocho

2 Preguntar a sus compañeros qué es importante para pasar unas vacaciones ideales.

Ejemplo:
„Para mí es importante estar en la costa porque me gusta la playa. ¿Y para ti?"

_____

_____

_____

3 ¿Cómo era antes?

Mirar las fotos en el libro de texto y leer otra vez la lección p. 124/125.

Después describir Roquetas de Mar como era antes.

_____

_____

_____

_____

_____

_____

_____

_____

_____

_____

_____

_____

Lección dieciocho

4 Comparar:

¿Qué ha cambiado?

¿Cómo era antes?					¿Cómo es hoy?

_____		_____
_____		_____
_____		_____
_____		_____
_____		_____
_____		_____
_____		_____

5 ¿Dónde y cómo vivían antes sus abuelos[1]?

_____
_____
_____
_____
_____
_____

1) los padres de sus padres

Lección diecinueve 19

1 Contestar con el futuro.

Ejemplo:
¿Cuándo hablarás con tus padres?   *Hablaré con ellos mañana.*

1. ¿Cuándo empezarán las vacaciones ? _____
2. ¿Cuándo volverán tus amigos de Francia? _____
3. ¿Cuándo irás a la playa? _____
4. ¿Cuándo tendrás tiempo? _____
5. ¿Cuándo iréis al cine? _____
6. ¿Cuándo haréis vuestros deberes? _____
7. ¿Cuándo vendrás a mi casa? _____
8. ¿Cuándo harás una fiesta? _____
9. ¿Cuándo saldrán? _____
10. ¿Cuándo sabrás tus notas? _____

2 El colegio en el futuro

¿Cómo se imagina[1] usted el colegio ideal en el año 2005?

_____
_____
_____
_____
_____

| edificios[2] | horarios | estudiantes | profesores | ordenadores |
| tiempo libre | parques | internet | tecnología | deporte |

1) imaginarse   **sich vorstellen**
2) el edificio   **das Gebäude**

Lección diecinueve

3 ¿Qué me pasará?
Poner en futuro los verbos en infinitivo.

Patricia y Jacinto van a casa de una pitonisa[1] para saber qué les (suceder) _____ en el futuro.

Patricia: Buenos días, señora.

Pitonisa: Hola, buenos días, ¿qué queréis?

Jacinto: Queremos saber que nos (pasar) _____ en el futuro.

Pitonisa: A ver qué dice mi bola mágica[2]... Los dos (tener) _____ mucha suerte[3]. Tú (ser) _____ millonaria, y tú (ser) _____ un físico muy famoso.

Jacinto: ¿(Poder) _____ tener mi propia[4] empresa?

Pitonisa: No, lo siento mucho, pero (hacer) _____ descubrimientos[5] muy importantes en Física.

Patricia: ¿Nos (casar[6]) _____?

Pitonisa: Sí, y (tener) _____ dos niños.

Jacinto: Muchas gracias por todo. Dentro de unos años (volver) _____ otra vez.

Patricia: ¡Adiós!

Pitonisa: ¡Adiós, gracias!

1) la pitonisa — **die Wahrsagerin**
2) la bola mágica — **die Zauberkugel**
3) la suerte — **das Glück**
4) propio, a — **eigen**
5) el descubrimiento — **die Entdeckung**
6) casarse — **heiraten**

4 El agua

¿Qué significa el agua para usted?
¿Para qué se necesita agua?

_____

_____

_____

_____

Lección diecinueve

5 Sin agua.

Vd. pasa algunas semanas de agosto en una familia de Málaga. Cada día cortan[1] el agua desde las 9 de la noche hasta las 7 de la mañana.
¿Qué consecuencia tiene esto para toda la familia?

_____

_____

_____

_____

_____

_____

_____

_____

_____

_____

1) cortar   **abstellen**

6 Refranes[1]

¿Cómo se dice en alemán?

1. Estar entre dos aguas.   _____

2. Estar como pez[2] en el agua.   _____

3. Se parecen[3] como dos gotas[4] de agua.   _____

4. Está con el agua al cuello[5].   _____

1) el refrán   **das Sprichwort**
2) el pez   **der Fisch**
3) parecerse   **sich gleichen**
4) la gota   **der Tropfen**
5) el cuello   **der Hals**

Lección veinte 20

1 Completar con *desde, desde hace* o *hace*.

1. Vive en Argentina _____ cuatro meses.

2. No ha visto a su madre _____ una semana.

3. Están en España _____ el dos de julio.

4. _____ treinta años Benidorm era un pueblo pequeño.

5. Te han llamado _____ una hora.

6. Pedro trabaja en una agencia de viajes _____ el 15 de octubre.

7. Son amigos _____ muchos años.

8. _____ dos días hacía mucho calor, pero ahora hace frío.

2 Completar con *por* o *para*.

1. ¿El autobús pasa _____ los pueblos o va directamente a Málaga?

2. ¿_____ quién son estas flores?

3. Son _____ mi madre.

4. Hoy sólo trabajo _____ la mañana. _____ la tarde no tengo tiempo.

5. No podíamos salir _____ el mal tiempo que hacía.

6. Van a España _____ practicar el español.

7. Este año queremos hacer un viaje _____ América.

8. Las Canarias son famosas _____ su buen clima.

9. Me he comprado estos pantalones _____ 54 euros.

10. _____ un lado quiero salir esta noche, por otro lado quiero seguir leyendo mi libro.

11. Los amigos van al Bar Enrique _____ tomar algo.

Lección veinte

3 Completar

superficie – país – habitantes – frecuente – difícil – españoles – democrático – cambios – económica – carne – mayores – e – cereales – alemanes – ganadería – italianos – atractivo – iban – periodos – segunda – económica – principios – primera

Argentina es un _____ muy grande. Tiene una _____ de unos 2.776.000 kms² con unos 35 millones de _____. A causa de la _____ situación _____ en Europa en los años después de la _____ Guerra Mundial era _____ la emigración a América. Muchos _____ a Argentina, sobre todo _____ pero también muchos _____. El _____ principal de Argentina eran las enormes posibilidades en la agricultura y _____. Desde _____ del siglo XX, Argentina es uno de los _____ productores y exportadores de _____ y cereales.

Después de la _____ Guerra Mundial había una crisis _____ muy fuerte. En Argentina había muchos _____ de gobierno y largos _____ de dictaduras militares. Desde 1983 Argentina es un país _____.

4 Argentina, país de la plata.

El nombre de „Argentina" viene del latín y significa país de plata porque está a orillas del Río de la Plata. El primer europeo que llega a Argentina es Juan Díaz de Solís. Al ver por primera vez el río, lo llama Río de la Plata porque esperaba encontrar plata en esta región.

Argentina se extiende desde las selvas tropicales de la frontera con Paraguay al norte hasta la Tierra del Fuego al sur. Argentina es el séptimo país del mundo por su extensión y por eso tiene muchos climas y paisajes diferentes. Es un país de mil contrastes. Tiene inmensas llanuras en la pampa donde se cultiva algodón, girasoles, avena, maíz y, sobre todo, trigo. Argentina sigue siendo uno de los mayores productores y exportadores de cereales del mundo. En otras regiones producen también vino y caña de azúcar. Sin embargo, lo más característico del país es la ganadería: vacas, ovejas y caballos. Tanto la lana como el cuero son famosos en todo el mundo.

Vocabulario:

la plata	Silber	los cereales	das Getreide
la primera vez	das erste Mal	la caña de azúcar	das Zuckerrohr
la frontera	die Grenze	las vacas	die Kühe
el contraste	der Gegensatz	las ovejas	die Schafe
inmenso	riesig	los caballos	die Pferde
los girasoles	die Sonnenblumen	la lana	die Wolle
la avena	der Hafer	el cuero	das Leder
el trigo	der Weizen		

Lección veinte

a) Preguntas

1. ¿Qué significa el nombre „Argentina"? _____

2. ¿Dónde se encuentra Argentina? _____

3. ¿Por qué hay climas y paisajes diferentes? _____

4. ¿Qué es la Pampa? _____

5. ¿Qué se cultiva allí? _____

6. ¿Qué otros productos famosos vienen de Argentina? _____

7. ¿Qué exporta Argentina? _____

8. ¿Cuál es el baile más típico de Argentina? _____

b) Resumir con la ayuda de estas palabras lo que sabe sobre Argentina.

nombre	situación	Juan Díaz de Solís	encontrar plata	selvas tropicales
Tierra del Fuego		extensión		la Pampa
climas y paisajes diferentes	cereales, vino, caña de azúcar		ganadería	lana, cuero

_____
_____
_____
_____
_____
_____
_____

Lección veintiuno 21

1. Construir en España. Escribir la conversación en su verdadero orden.

Sandra es una chica española
una de las Islas Baleares.
que trabaja en una empresa inmobiliaria[1] en Colonia. Ahora esta empresa va a construir en Mallorca,
– ¿Crees que tendrán éxito
Vamos a hacer algunas preguntas a Sandra
Sí, yo creo que sí,
las viviendas alemanas en España?
sobre todo debido al clima y al carácter español.
Estoy segura que
– ¿Ayudará al desarrollo económico
impulsará el desarrollo económico de esta zona,
de una zona turística como es Mallorca?
ya que tanto los trabajadores como los empresarios y notarios[2] son españoles.
porque es mucho más práctico y económico.
Además, hemos comprado todos los muebles en Mallorca
gastan mucho dinero en España.
Así, los turistas

[1] inmobiliario, a **Immobilien**   [2] el notario **der Notar**

2. Poner los pronombres correctos.

1. Este paquete es para _____ (tú).
2. Te he visto en la calle con _____ (él).
3. No sé nada de _____ (tú).
4. Ahora queremos ir con _____ (vosotros).
5. ¿Vienes con _____ (yo) a la farmacia?
6. ¿Queréis ir con _____ (nosotros)?
7. Habló muy bien de _____ (ellos).
8. Pedro no quiere hablar con _____ (ella), quiere hablar solamente con _____ (tú).

3. Completar las siguientes frases:

1. Como Cataluña es la comunidad autónoma más fuerte de España, _____
2. Si la industria ofrece muchos puestos de trabajo, _____
3. Cuando hay problemas económicos en un país, _____
4. Como Barcelona es una ciudad muy grande, _____
5. Mientras que los catalanes hablan su idioma, _____

Lección veintiuno

4 Tiendas diversas

- librería
- frutería
- pescadería
- zapatería
- panadería
- carnicería
- droguería
- joyería
- pastelería
- ferretería

Lección veintiuno

a) Contestar las preguntas.

¿Qué se compra en una librería? _____

¿Dónde se compra pescado? _____

¿Qué se compra en una frutería? _____

¿Dónde se compran zapatos? _____

¿Qué se compra en una panadería? _____

¿Dónde se compra carne? _____

b) Describir los dibujos.

_____
_____
_____
_____
_____
_____
_____
_____

Lección veintiuno

5 Emplear las conjunciones *si, cuando, mientras, mientras que, como.*

En el hotel „Don Quijote".

1. – ¿Me puede decir _____ todavía hay habitaciones libres?

2. _____ el empleado del hotel está mirando la lista de las habitaciones, los dos turistas esperan.

3. _____ queda solamente un apartamento muy caro, los dos discuten _____ lo quieren.

4. _____ que la señora está contenta, su marido[1] pregunta al empleado si hay otros hoteles en la ciudad.

5. – Sí, hay más hoteles. _____ no nos quedan habitaciones libres, llamamos a otros hoteles.

6. _____ el empleado habla por teléfono con su colega del Hotel Sol, los dos turistas deciden quedarse en el hotel Don Quijote.

7. – _____ su hotel nos gusta mucho, pasaremos una noche aquí.

[1] der (Ehe) Mann

Lección veintidós 22

1 Galicia

Galicia está en el noroeste de España. Comprende las provincias de La Coruña, Lugo, Orense y Pontevedra. Su costa se caracteriza por numerosas rías y en las entradas de las rías hay islas pequeñas. Galicia tiene un clima marítimo. Las temperaturas son suaves con veranos frescos e inviernos poco fríos. Pero llueve mucho, por lo que esta región de España es muy verde.

Toda la región del norte se llama también „la España verde". Es la región más húmeda de España. Gran parte de la población vive de la pesca. Hay especialmente sardinas y atún. En las fábricas se hacen conservas de pescado para exportar a otros países. En Vigo y El Ferrol se construyen barcos.

La mayoría de la población vive en el campo y trabaja en la agricultura y ganadería. Cultivan maíz, manzanas y centeno. No hay mucha industria en Galicia. Por eso mucha gente ha salido de Galicia y ha emigrado a otras regiones de España o también a otros países.

Vocabulario:
comprender – umfassen, caracterizarse – hier: geprägt sein, las rías – trichterförmige Flussmündung ähnlich den Fjords in Norwegen, fresco, a – frisch, la pesca – der Fischfang, especialmente – besonders, el atún – Thunfisch, el pescado – der Fisch, el maíz – der Mais, la manzana – der Apfel, el centeno – der Roggen

a) Hacer preguntas a su compañero.

Ejemplo:

¿Dónde está Galicia?   *Galicia está en el noroeste de España.*

¿De qué vive gran parte
de la población?   *Gran parte de la población vive de la pesca.*

Lección veintidós

b) Escribir lo que sabe sobre Galicia. Estas palabras le pueden ayudar.

GALICIA

noroeste

rías

clima marítimo
(temperaturas, verano, invierno, lluvia)

„la España verde"

pesca

fábricas

agricultura, ganadería

construir barcos

industria

emigración

2 Comparar Galicia con la Comunidad Valenciana.

Puede comparar p.ej. estos puntos: situación geográfica, clima, puestos de trabajo, agricultura, industria, turismo, emigración, lenguas.

_____
_____
_____
_____
_____
_____
_____
_____
_____
_____
_____
_____

3 Poner el pretérito indefinido.

1. Anoche el tren de Madrid _____ (llegar) muy tarde.

2. El otro día _____ (tener, nosotros) una cena estupenda.

3. La semana pasada mi padre _____ (tener) un accidente.

4. Todo el mes de marzo _____ (estar, yo) en Granada.

5. Ayer me _____ (comprar) un periódico español.

6. ¿Qué le _____ (decir, tú) el domingo pasado?

7. ¿Qué _____ (hacer, tú) ayer por la tarde?

8. ¿Adónde _____ (ir) los chicos el último verano?

9. Ayer _____ (llover) todo el día.

10. En mis vacaciones _____ (ver) muchas cosas interesantes y

    me _____ (encontrar) con mucha gente amable.

4 La vida de Carmen

Hacer del diálogo de esta lección (p. 151/152) un texto narrativo en el pasado.

Carmen nació en Bremen. ...

Lección veintidós

5 Escribir lo que hizo usted el fin de semana pasado o en las vacaciones pasadas.

_____
_____
_____
_____
_____
_____

6 ¿Cómo es la frase correcta?

1. muchos campesinos – también – sus pueblos – emigraron – abandonaron – al extranjero – y

   _____

2. viven – hoy – extremeños – en Madrid – en las grandes ciudades – o en Cataluña – millones de – catalanes – andaluces – y

   _____
   _____

3. Cataluña – el mayor número de emigrantes – pero – acogió – tienen – muchos- con la lengua catalana – dificultades

   _____
   _____

4. terminó la Realschule – volvió a Galicia – Carmen – hace dos años – con su madre

   _____
   _____

5. idiomas – tiene un trabajo – Carmen – donde – se necesitan

   _____

6. siempre hablaban – tuvo que aprender – en casa – cuando volvió – mejor – a España – Carmen – el español – porque – gallego – en Alemania.

   _____
   _____

7. más prisa – más posibilidades – o con los amigos – menos tiempo – hay – para – estar con la familia – en Alemania – menos problemas – pero – también – hay.

   _____
   _____

Lección veintitrés 23

1 ¿Qué es esto?

Escribir debajo de las fotos lo que es y lo que sabe sobre esto.

2 Poner en pasado.

Hace 30 años Peter _____ (llegar) por primera vez a España. _____ (tener) 20 años. El _____ (ir) de vacaciones a Mallorca. Entonces todavía no _____ (haber) tantos turistas allí. _____ (ser) mucho más tranquilo. Todas las mañanas se _____ (levantarse) a las 9, _____ (desayunar) e _____ (ir) a la playa. Siempre _____ (hacer) buen tiempo.

Un día _____ (hacer) una excursión en coche por toda la isla. _____ (visitar) muchos pueblos y ciudades en el interior. Todo le _____ (gustar) mucho. Por la noche _____ (cenar) en un restaurante típico en la capital, La Palma. Este restaurante _____ (estar) cerca del puerto y así _____ (poder) mirar todos los barcos bonitos que había allí. _____ (volver) muy tarde a su hotel. _____ (ser) un día maravilloso.

3 ¿Qué pasó?

Ordenar las frases, poner los tiempos correctos y contar la historia.

Todos (llevarse) un susto enorme.

Los tres (tener) mucha prisa.

Cuatro jóvenes (querer) ir a Madrid.

En el coche (hablar) mucho.

Así que (atropellar) el perro.

De repente (ver) un perro en la calle.

(ir) en el coche de José Luis. (ser) un viernes por la noche.

(hacer) frío y mucha niebla.

José Luis (frenar) muy fuerte.

Pero no (poder) parar el coche.

Vocabulario:
el perro	der Hund
de repente	plötzlich
frenar	bremsen
atropellar	überfahren
llevarse un susto	einen Schrecken davontragen

Lección veintitrés

4 Algo sobre los españoles.

a) Entre el tópico y la realidad.

A los españoles les gusta mucho pasar su tiempo libre fuera de casa. Es normal tener un buen amigo y no haber visitado nunca su casa, algo impensable en otros países.

En cambio, en ciudades como Madrid se puede tener un buen amigo y no saber dónde vive, ya que se encuentra siempre en un bar, un restaurante o en el lugar de trabajo.

b) Ritmo de vida

El español es activo, pero no quiere estresarse. El ritmo de vida es muy tranquilo. Se disfruta de la charla en los cafés, de la compañía de los amigos etc. Mientras en otros países europeos se come en 20 minutos, en España se necesita unas dos horas. Por ejemplo, cuando se instaló en el país la multinacional McDonald's, había unos cálculos estadísticos sobre el tiempo que tarda una persona en comer su hamburguesa. Cuando los expertos observaron los resultados de Madrid (dos horas y media), tuvieron que tirar a la basura el estudio y adaptarse a la costumbre nacional.

Contestar las preguntas:

1. ¿Cómo pasan los españoles su tiempo libre?

2. ¿Cuál es la diferencia entre los españoles y los otros europeos en cuanto a los buenos amigos?

3. ¿Cuál es una característica en la vida de los españoles?

4. ¿Qué pasó en Madrid a la hora de instalar McDonald's?

Vocabulario:

el tópico	die Verallgemeinerung
impensable	undenkbar
el lugar	Ort, Platz
estresarse	Stress haben
disfrutar de	genießen
la charla	das Gespräch
instalar	einrichten
los cálculos estadísticos	statistische Berechnungen
tardar	dauern
el resultado	das Ergebnis
tirar	wegwerfen
la basura	der Müll/der Abfall
adaptarse	anpassen
la costumbre	die Gewohnheit

Lección veintitrés

5 Escribir algunas frases sobre comportamientos típicos alemanes.

6 Los bares españoles

Muchos españoles no desayunan en casa. Antes de ir a trabajar, pasan por la cafetería o el bar y toman un café con una tostada. Otros desayunan en casa, pero también toman un café en el bar antes de empezar el trabajo. Entre las diez y las once, algunos españoles vuelven al bar donde, esta vez, toman un bocadillo de jamón o de queso o una tortilla y un café con leche. La comida es entre las dos y las tres y media. Los que no comen en casa lo hacen en el restaurante. Los restaurantes ofrecen un menú del día con primer plato, segundo plato, postre, pan y bebida.

Después de trabajar, unos van a la cafetería y otros al bar. Si prefieren algo dulce, eligen la cafetería a eso de las cinco; si prefieren una tapa y una cerveza, van al bar a las siete o a las ocho.

La cena es entre las nueve y las once. Casi todos cenan en casa, pero, en situaciones especiales (como cumpleaños etc.), cenan en un restaurante. Algunos jóvenes, después de cenar, van a tomar unas copas en un pub. Allí charlan y discuten, otros van a los viejos cafés que abren desde las tres de la tarde hasta las dos de la mañana más o menos.

Vocabulario:

la tostada	der Toast
el jamón	der Schinken
el queso	der Käse
dulce	süß
preferir (ie)	vorziehen, lieber etwas tun
las tapas	Appetithäppchen
más o menos	ungefähr

© Bildungsverlag EINS (Stam 7381)

Lección veintitrés

Contestar las preguntas:

1. – ¿Dónde desayunan los españoles?
   _____

2. – ¿Qué toman los españoles normalmente para desayunar?
   _____

3. – ¿A qué hora es la comida en España?
   _____

4. – ¿Y en Alemania?
   _____

5. – ¿Qué hacen los españoles después de trabajar?
   _____

6. – ¿A qué hora cenan los españoles? ¿Y los alemanes?
   _____

7. – ¿Hacen los jóvenes españoles y alemanes lo mismo?
   _____

7 Completar el texto con indefinido o imperfecto de la primera persona del singular.

Verbos: saber, estudiar, conocer, ayudar, quedarse, dejar, adaptar, llegar, tener que, ser, comenzar, ser, pensar, encontrar, aprender

Hace muchos años que _____ a España. Al principio, no _____ hablar español, así que _____ ir a una academia de idiomas. Lo _____ relativamente pronto, aunque la verdad es que _____ bastante por las tardes.

Al principio no _____ a mucha gente, pero el curso de español me _____ a hacer buenos amigos.

El verano pasado _____ a trabajar en una oficina de información y turismo en la Costa Blanca. _____ un sector totalmente nuevo para mí, pero, desde el principio, lo _____ muy interesante, así que _____ en la misma oficina hasta hace un mes. _____ abrir mi propia agencia, así que _____ el primer trabajo.

Como véis, no me _____ fácil cambiar de país, pero me _____ rápidamente, y, ahora, soy muy feliz aquí.

86 © Bildungsverlag EINS (Stam 7381)

Lección veinticuatro 24

1 Explique las palabras siguientes:

- la publicidad _____

- la competencia _____

- los medios de comunicación _____

- las pymes _____

2 ¿Qué publicidad le gusta más:

en la prensa, en la televisión, en la radio, en el cine?

Explique por qué.

_____

_____

_____

_____

_____

_____

3 Busque algún anuncio de una revista, un periódico.

Explique a sus compañeros por qué le gusta este anuncio (el texto, la foto, el dibujo[1], el color, etcétera)

_____

_____

_____

_____

_____

---

1) die Zeichnung

Lección veinticuatro

4 Haga un anuncio de algún producto. Presente este anuncio a sus compañeros.

5 En los siguientes eslogans[1] faltan los imperativos. Póngalos.

1. Les ofrecemos viajes interesantes. _____ (venir, Vds.) e _____ (informarse) en su agencia de viajes.

2. _____ (comprar, Vd.) este nuevo coche de Renault.

3. _____ (beber, tú) el refresco más conocido del mundo.

4. _____ (ponerse, Vd.) al volante[2] de un SEAT.

5. Para más información, _____ (ponerse, Vds.) en contacto con nosostros.

6. _____ (escribir, tú) con este bolígrafo estupendo.

Traduzca estos eslogans al alemán.

1. _____

2. _____

3. _____

4. _____

5. _____

6. _____

1) el eslogan — der Werbeslogan
2) el volante — das Steuer, das Lenkrad

6 Traduzca estos eslogans al español.

1. Rufen Sie uns heute an.

   _____

2. Nimm zwei.

   _____

3. Leben Sie.

   _____

4. Machen Sie mit und gewinnen Sie ein neues Auto.

   _____

5. Arbeite, um zu leben.

   _____

6. Investieren Sie jetzt.

   _____

Lección veinticuatro

7 **Encuentre el mejor eslogan en alemán.**

Domine la tecnología sin esfuerzo
FX500
FX400

PIERDA CENTIMETRO Y GANE SALUD

Conozca el poder de la Serie NCR 3000.

Decídase. Este año haga lo que muy pocos pueden. Repita vacaciones.

HAGASE DISTRIBUIDOR

AGFA

Conozca la gama más completa de copiadoras. Destaque como el mejor con el dinamismo AGFA, llámenos al Tel. 207 54 11 Srta. Resina o escríbanos a:

AGFA GEVAERT, S.A.
División copiadoras,
Provenza, 392
08025 Barcelona

Lección veinticuatro

8 Emplee los imperativos con los pronombres correspondientes.

Ejemplo:
¿Me puedes dar el vaso?   *Dámelo.*

1. ¿Me puede dar el periódico?   _____

2. Ustedes no deben hacer esto.   _____

3. Vosotros no debéis beber este agua.   _____

4. Tienes que decirme la verdad.   _____

5. Usted tiene que pagar estas bebidas.   _____

6. Tienen que subir las maletas.   _____

7. Tienes que leer esta carta.   _____

9 Nos comunicamos no sólo por la palabra.

Indique qué otros elementos son importantes en la comunicación.

Lección veinticuatro

10 La comunicación

Según los estudios de unos psicólogos en una conversación normal, el 15 % de la información se transmite por el lenguaje, un 30 % de la información se transmite por la voz y el 55 % forma parte del lenguaje no-verbal como gestos, distancia, silencios, etcétera.

¿Qué significa esto

– **en una conversación por teléfono?**

_____
_____
_____
_____

– **en una conversación en una tienda entre el vendedor y el cliente?**

_____
_____
_____
_____

Lección veinticinco 25

1 Escribir un currículum vitae.

Como hemos visto en el libro de texto, Pilar Ibarra es una empleada de la Delegación de Trabajo en Bilbao. Cada día recibe currículum de muchos jóvenes que quieren trabajar en Vizcaya. Aquí tenemos un currículum de ejemplo.

CURRICULUM VITAE

Datos personales

Apellidos:	Pascual Díaz
Nombre:	Jorge
Lugar de nacimiento:	Bilbao
Fecha de nacimiento:	12 de diciembre de 1973
Nacionalidad:	española
D.N.I.:	n° 45654671
Estado civil:	soltero
Servicio militar:	sí
Domicilio:	Elorrieta, 48015 Bilbao
Teléfono:	(94) 34926396

Estudios realizados

1980–1988	(E.G.B.) en la Escuela de María Auxiliadora, Bilbao
1988–1991	(B.U.P.) en el Instituto Antonio Machado, Bilbao
1991–1992	(C.O.U.) en el mismo centro
1992–1997	Ciencias Económicas en la Universidad de Bilbao

Experiencia Laboral

1997–1998	Periodo de prácticas en la empresa Daimler-Benz en Stuttgart.
1999–actualidad	La Caixa. Departamento de Contabilidad.

Otros Conocimientos

Idioma alemán	Instituto Alemán de Bilbao: Oberstufe. Curso de Verano en la Universidad de Heidelberg.
Idioma inglés	Instituto Británico de Bilbao, nivel alcanzado: proficiency

Lección veinticinco

Escriba ahora su currículum vitae.

2 Combinar

Es importante que	los niños	aprender idiomas
Es difícil que	los padres	trabajar en grupos
Puede ser que	los profesores	motivar a los estudiantes
Es necesario que	las chicas	respetar los intereses de los niños
		explicar bien
		hablar varios idiomas

_____

_____

_____

_____

Lección veinticinco

3 Explique las abreviaturas siguientes.

– el INEM _____

– la EGB _____

– la ESO _____

– la FP _____

4 Haga frases con los elementos siguientes.

Ana y yo	querer	no llover	temer
encontrar un trabajo		tú	esperar
poder calificarse más		nosotros, as	ellos
sentir	que	empezar cuanto antes	
los padres	desear	llegar tarde	pedir
	salir esta noche	vosotros, as	recomendar
	escribir la carta ahora	no querer	

_____

_____

_____

_____

_____

Lección veinticinco

5 ¿Subjuntivo o indicativo?

1. Pilar quiere que esta tarde _____ (ir, nosotros) todos al museo.

2. Espero que no _____ (llegar, él) tan tarde.

3. Ana piensa que sus amigas _____ (hacer) un curso de inglés.

4. Los padres les recomiendan que _____ (pasar, ellos) la noche en un hotel.

5. El INEM ofrece cursos de informática para que los parados _____ (poder) formarse más.

6. Tengo que hablar con ellos antes de que lo _____ (hacer) Juan.

7. Es imposible que _____ (llamar, él) a estas horas.

8. Están sorprendidos de que en España _____ (haber) tantos bares.

9. Puede ser que el verano que viene _____ (visitar, nosotros) Madrid.

10. Por la radio dicen que la situación económica _____ (mejorar).

11. Mercedes cree que su amiga no _____ (ir) a Inglaterra este año.

12. En el caso de que _____ (tener, tú) una pregunta, tienes que decirlo.

6 ¿Qué espera de su vida personal y profesional en el futuro?

Apunte sus deseos.

Quiero que Deseo que	aprobar los exámenes. tener buenas notas. poder calificarse más.
Me gusta que	encontrar un trabajo. encontrar el trabajo deseado. ganar bastante dinero para poder vivir bien. tener buenos amigos. tener una familia. cumplir mis deseos. vivir en una ciudad bonita e interesante. conocer a personas interesantes.

Lección veinticinco

7 ¿Qué quiere decir el anuncio publicado en el periódico ABC?

ENTRE ESTOS DOS ANUNCIOS POR PALABRAS SÓLO HAY UN PROFESIONAL

ANUNCIOS ABC SUS AN POR PA

■ **Pisos**

Me gustaría vender un piso que tengo en la calle Fuencarral. También puedo alquilarlo. El piso está en un edificio nuevo que hace esquina con la calle de las Infantas. La fachada está muy bien. Lo que es el piso es un piso normal, con dos habitaciones, una más grande que otra, salón más o menos amplio, terraza bien, cuarto de baño con bañero, y la cocina es de esas que se corre una puerta. En cuanto al dinero llegaríamos a un acuerdo. Es pero su llamada. El teléfono es 4507676. Puedes llamarme por la tarde o por la noche, o por la mañana.

ANUNCIOS ABC SUS AN POR PA

■ **Pisos**

PISAZO. En pleno centro. Nuevo. Soleado. Dos habitaciones. Salón. Terraza. Cuarto de baño. Cocina americana. Facilidades. Tfno. 4507676

Cuando quiera anunciar algo, confíe en profesionales. Nadie mejor que ellos conoce el secreto de la venta.

ES UN CONSEJO DE

ABC

Lección veintiséis 26

1 Crucigrama

1. La ciudad donde se celebró la EXPO en 1992
2. Provincia de Andalucía
3. Centro turístico en Andalucía
4. Producto que los árabes trajeron a Andalucía
5. Lo que no hay mucho en Andalucía
6. Lo contrario de salida
7. En Andalucía vivieron tres ... juntas

2 Ponga las formas del pretérito indefinido.

1. En el año 711 los árabes _____ (venir) a la Península Ibérica.

2. En pocos años casi todo el país _____ (caer) en manos de los musulmanes.

3. En aquel tiempo Andalucía _____ (ser) la región más próspera de la Península Ibérica.

4. Tres culturas _____ (vivir) juntas: los musulmanes, los cristianos y los judíos.

5. Los árabes _____ (introducir) sistemas de riego, _____ (traer) nuevas plantas como el arroz y el algodón a Europa.

6. Pero los árabes no _____ (lograr) conquistar el norte de la Península.

7. La Reconquista _____ (terminar) en 1492 y _____ (destruir) la convivencia social y cultural.

8. Los árabes _____ (tener) que dejar la Península.

9. La última ciudad que _____ (reconquistar) los cristianos era Granada.

10. En el mismo año Colón _____ (descubrir) América.

3 Emplee las formas del potencial.

1. Yo no _____ (hacer) eso.

2. Para mí, el paraíso _____ (ser) un país sin invierno.

3. Nunca _____ (hacer) frío, no _____ (tener) que ponerme un abrigo.

4. Siempre _____ (poder, yo) salir.

5. _____ (pasar) mucho tiempo fuera.

6. Siempre _____ (haber) flores y cada día _____ (ir, nosotros) a la piscina.

7. ¿Qué _____ (pensar, tú) sobre todo esto?

8. Yo creo que a mí no me _____ (gustar) todo esto.

4 Rellene con las formas correctas.

presente de indicativo	pretérito imperfecto	pretérito indefinido	presente de subjunctivo	futuro	potencial
	salíamos				
digo					
		vino			
				harás	
					destruiría
			tengan		
		pusisteis			
	traías				
vivimos					
		pudisteis			

Lección veintiséis

5 ¿Qué haría Vd. por Andalucía?

1. ¿Le gustaría vivir en Andalucía? ¿Por qué?

   _____
   _____
   _____
   _____
   _____

2. ¿Qué haría Vd. para cambiar la situación económica andaluza?

   _____
   _____
   _____
   _____
   _____

3. ¿Cree Vd. que Andalucía podría volver a ser la región más próspera de España, como en la época árabe? ¿Por qué?

   _____
   _____
   _____
   _____
   _____

4. ¿Le gustaría trabajar en el sector de los servicios, por ejemplo en un hotel o en una agencia inmobiliaria en Marbella?

___

5. ¿Qué cree Vd. que deberían hacer los andaluces para informar sobre Andalucía en el extranjero?

___

6 Completar las frases.

1. Ramón ya no tiene dinero.
   – ¿Qué le recomiendas? (ir al banco) _____

2. Tania está enferma.
   – ¿Qué le deseas? (mejorarse) _____

3. ¿Qué desea el empleado de una tienda?
   (haber muchos clientes) _____

4. Tu amigo inglés te manda una carta,
   pero tú no la entiendes.
   – ¿Qué le pides a tu hermana? (traducir) _____

5. Siento mucho que (no saber, tú) _____ la solución, porque es muy importante para aprobar el examen.

6. Puede ser que Elena (estar) _____ ya en casa, pero no lo creo.

7. Te agradezco que (venir) _____ esta tarde.

Lección veintisiete 27

1 Ponga los verbos en su sitio.

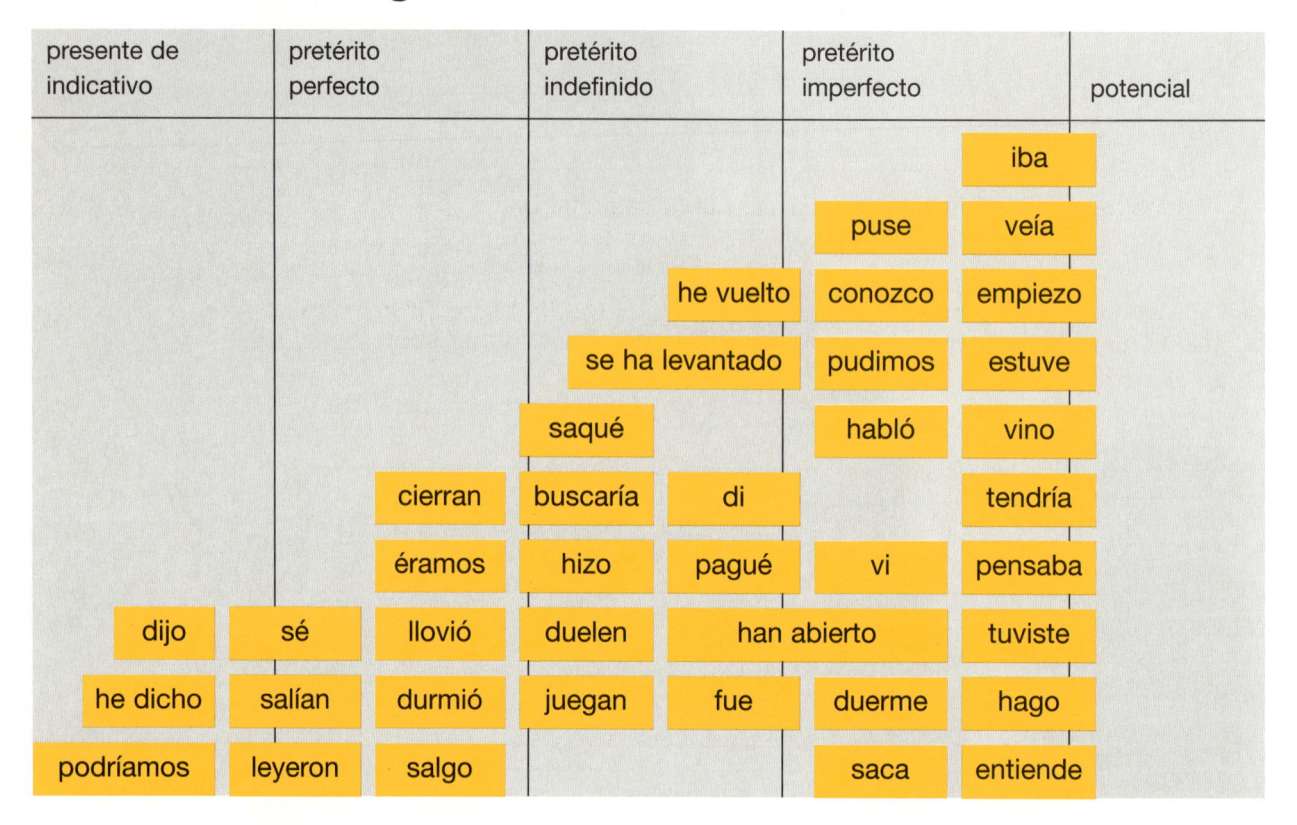

presente de indicativo	pretérito perfecto	pretérito indefinido	pretérito imperfecto	potencial
				iba
			puse	veía
		he vuelto	conozco	empiezo
		se ha levantado	pudimos	estuve
		saqué	habló	vino
	cierran	buscaría	di	tendría
	éramos	hizo	pagué	vi	pensaba
dijo	sé	llovió	duelen	han abierto	tuviste
he dicho	salían	durmió	juegan	fue	duerme	hago
podríamos	leyeron	salgo		saca	entiende

2 Busque de estos verbos 10 infinitivos y el gerundio.

Ejemplo:	habló	hablar	está hablando
1.			
2.			
3.			
4.			
5.			
6.			
7.			
8.			
9.			
10.			

3 Ponga los complementos directos, indirectos o los dos.

1. Si Vd. no puede venir hoy, espero ver_____ mañana.

2. ¿Dónde está la chica? No _____ he visto.

3. Carlos ha estudiado inglés y _____ habla bastante bien.

4. No he recibido una carta de mi amiga. _____ escribí hace una semana.

5. Tengo una nueva secretaria. _____ verás mañana.

6. Estoy buscando a Luis. ¿_____ has visto?

7. No he comprendido su pregunta. ¿Puede repetir_____?

8. Juan no comprende el problema de matemáticas. ¿_____ puedes explicar?

9. Mi padre tiene algo para ti. _____ dará después.

10. Hemos comprado chocolate para los niños. _____ daremos más tarde.

11. El señor Latorre quiere comprar mi casa, pero no _____ venderé.

12. ¿Queréis leer estos interesantes libros? _____ dejaré con mucho gusto.

4 Crucigrama

horizontales:

1. el sector económico de mayor importancia en Andalucía
5. producto que los árabes trajeron a Andalucía
7. la temperatura en Andalucía es ....
9. para el .... Andalucía tiene nuevas perspectivas
10. los árabes lo introdujeron

verticales:

2. Andalucía siempre lo ha sido entre dos continentes
3. una de las tres culturas que convivieron en Andalucía
4. Hace 2.000 años Andalucía era el ... de Roma
6. el sector económico de mayor crecimiento
8. estación del año
11. propiedades que tienen más de 200 hectáreas

Lección veintisiete

5 Traduzca las frases siguientes y emplea los complementos directos, indirectos o los dos.

1. – Kannst du mir die Tür öffnen ? _____

   – Ich öffne sie dir gerne. _____

2. – Warum erlaubst du es nicht? _____

   – Natürlich erlaube ich es dir. _____

3. – Erzählen Sie uns die Geschichte? _____

   – Ja, ich erzähle sie euch sofort. _____

4. – Wer soll es ihr sagen? _____

   – Du musst es ihr sagen. _____

5. – Die Angestellte schreibt gerade die Briefe. _____

   – Sie müssen sie noch heute schreiben _____

6. – Wann wirst du ihm das Paket schicken? _____

   – Ich werde es ihm morgen schicken. _____

7. – Willst du Cecilia nicht fragen? _____

   – Doch, ich werde sie sofort fragen. _____

8. – Wann werdet ihr mir die CD kaufen? _____

   – Wir werden sie dir heute nachmittag kaufen. _____

9. – Haben Sie es dem Geschäftsführer schon gesagt? _____

   – Nein, wir haben es ihm noch nicht gesagt. _____

© Bildungsverlag EINS (Stam 7381)

6 Ponga *alguno, a; ninguno, a; algún; ningún; algunos, as.*

1. ¿Tienes _____ libros nuevos?

2. ¿Puedes darme _____ revista?

3. No, no tengo _____.

4. Mañana vienen _____ amigos españoles.

5. ¿Conoces _____ hotel bonito y no muy caro?

6. No, no conozco _____.

7. ¿Ha llamado _____ de mis amigos?

8. No, no ha llamado _____.

9. ¿_____ de las chicas es de Francia?

10. No, _____.

11. ¿Ha traído Vd. _____ fruta?

7 Ponga *antes de, después de, sin o al + infinitivo.*

1. Luis ha terminado sus deberes. Ahora juega al fútbol.

2. Cuando suena el despertador, todavía me quedo un rato en la cama.

3. Reiner quiere trabajar en España. Por eso tiene que aprender español.

4. Los camioneros primero descargan la fruta y después cargan las piezas para automóviles.

5. Cuando entran en casa, notan que alguien ha estado allí.

6. Cuando sale de casa, nota que ha olvidado algo.

7. Juan sale de la tienda y no dice adiós.

8. El camionero descarga la fruta y no dice nada.

_____

9. Los camioneros trabajan todo el día y no descansan.

_____

10. Cuando empieza el mes de enero, muchas personas van a España para pasar el invierno allí.

_____

8 ¿Cómo sería ...

– nuestra vida sin coches?

_____
_____
_____
_____
_____

– la vida económica sin camiones?

_____
_____
_____
_____
_____

– el turismo internacional sin aviones?

_____
_____
_____
_____
_____

Lección veintiocho 28

1 Explique las expresiones siguientes:

– el analfabetismo

– la explosión demográfica

– el promedio nacional

2 Compare Costa Rica (Lección 28) con Argentina (Lección 20) refiriéndose

– a la superficie y a la población

– al sistema político

– a los recursos naturales

– a la situación económica

– a los problemas actuales

Lección veintiocho

3 Busque informaciones sobre la geografía, la historia, la cultura, y la economía de su país o de su región y escriba un pequeño texto.

_____
_____
_____
_____
_____

4 Traduzca los siguientes extractos del sumario de un „Curso de Informática".

Ejemplo:
Cómo utilizar su PC _____

1. El ordenador en casa como máquina para aprender, jugar y trabajar.

   _____

2. Las características que debe tener el ordenador según el uso al que quiera dedicarlo. El menú Inicio.

   _____

3. Cómo interpretar correctamente un anuncio de ordenadores.

   _____

4. Dónde ubicarlo. Qué espacio necesita, cuál es el sitio ideal y qué características debe tener.

   _____
   _____

5. La salud es lo más importante. Qué peligros reales esconde el uso del ordenador y cómo evitarlos.

   _____
   _____

6. El microprocesador y la memoria, cómo funcionan y se entienden con los programas.

   _____

7. El monitor y la tarjeta gráfica. Cómo representan las imágenes de la pantalla.

   _____

Lección veintiocho

8. El disco duro y el lector de CD-ROM. Cómo se almacena y se recupera la información.

9. Las impresoras. Una impresora para cada necesidad: láser, chorro de tinta...

10. Otros periféricos: el teclado, el ratón, los altavoces, el escáner y las cámaras fotográficas.

11. Los programas de gestión de empresas: facturación, nóminas y contabilidad.

12. El primer PC de IBM. Los trabajos que llevaron al diseño y creación del primer PC.

13. Los virus informáticos. Detección y eliminación de un virus.

14. Direcciones de Internet.

15. **Empezar a escribir**

1 Vaya al menú **Archivo** y haga clic en Nuevo.

Lección veintiocho

5 Lea el anuncio siguiente y conteste las preguntas.

EL PAÍS, martes 1 de diciembre de 1998   61

Empiece a pensar en euros

Empiece a pensar en euros, empiece a contar en euros y se dará cuenta de que con el euro hemos alcanzado una meta: la unión monetaria de una Europa más próspera. Desde el 1 de enero de 1999 el euro será nuestra moneda y empezaremos a contar con todas sus ventajas: estabilidad en los precios, mayor crecimiento y empleo en nuestra economía.

Empiece a pensar en euros. Piense en sus ventajas.

Piense en sus ventajas

INICIATIVA COMÚN

MINISTERIO DE ECONOMÍA Y HACIENDA

UNIÓN EUROPEA

Tel: 901.1.1.2002
http://www.euro.meh.es

1999. El año de España y Europa

Lección veintiocho

1. ¿Quién publicó este anuncio?

   _____

   _____

2. ¿Qué objetivo tiene el anuncio?

   _____

   _____

   _____

3. ¿Qué ventajas tiene, según este texto, la Unión Monetaria?

   _____

   _____

   _____

   _____

4. ¿Cómo puede Vd. proceder para obtener más informaciones?

   _____

   _____

   _____

5. Utilice, si posible, la dirección del Internet indicada. Descargue informaciones y resuma los puntos más importantes.

   _____

   _____

   _____

   _____